U0139867

历史学的实践丛书

历史学的实践丛书

当代西方史学入门

L' historiographie

〔法〕尼古拉·奥芬斯塔特　著
（Nicolas Offenstadt）

修毅　译　黄艳红　校

北京大学出版社
PEKING UNIVERSITY PRESS

著作权合同登记号 图字：01-2020-4491

图书在版编目（CIP）数据

当代西方史学入门 /（法）尼古拉·奥芬斯塔特著；修毅译 . —北京：北京大学出版社，2022.9

（历史学的实践丛书）

ISBN 978-7-301-33207-8

Ⅰ.①当… Ⅱ.①尼… ②修… Ⅲ.①史学 – 研究 – 西方国家 Ⅳ.① K091

中国版本图书馆 CIP 数据核字（2022）第 139262 号

Originally published in France as:

L' Histographie by Nicolas Offenstadt

© Que-sais-je / Humensis, 2017

Current Chinese translation rights arranged through Divas International, Paris

巴黎迪法国际版权代理 (www.divas-books.com)

书　　　名	当代西方史学入门
	DANGDAI XIFANG SHIXUE RUMEN
著作责任者	〔法〕尼古拉·奥芬斯塔特（Nicolas Offenstadt）著　修　毅 译
责 任 编 辑	李学宜
标 准 书 号	ISBN 978-7-301-33207-8
出 版 发 行	北京大学出版社
地　　　址	北京市海淀区成府路 205 号　100871
网　　　址	http://www. pup. cn　　新浪微博：@ 北京大学出版社
电 子 信 箱	pkuwsz@126.com
电　　　话	邮购部 010-62752015　发行部 010-62750672　编辑部 010-62752025
印 刷 者	三河市北燕印装有限公司
经 销 者	新华书店
	880 毫米×1230 毫米　A5　8.75 印张　105 千字
	2022 年 9 月第 1 版　2022 年 9 月第 1 次印刷
定　　　价	35.00 元

目　录

导　论   1

第一章　历史学家与时间   7

  一、行动者的时间   8

    1. 单数时间与复数时间   8

    2. 历史是生活之师   9

    3. 进步的时间   10

    4. 历史性体制   12

    5. 时代的词语：概念史   14

  二、历史学家的时间   15

    1. 被发明的时间？反事实历史   15

    2. 时间的顺序与划分   16

    3. 多元的时间性   19

第二章　历史学家、材料与考证　　　　　　　23

　　一、收集与考证　　　　　　　　　　　　24

　　二、20 世纪的新视角、新材料　　　　　　26

　　三、作为问题的材料　　　　　　　　　　28

　　四、历史学家和他的史料　　　　　　　　29

第三章　作为科学的历史　　　　　　　　　　33

　　一、科学主义与历史　　　　　　　　　　34

　　　　1. 历史的规律?　　　　　　　　　　34

　　　　2. 马克思，马克思主义，科学与历史　36

　　二、职业的诞生　　　　　　　　　　　　39

　　　　1. 一场职业化革命　　　　　　　　　41

　　　　2. "方法学派"（La《méthode》）　　　43

　　　　3. 一门中立的科学? "民族传奇"（《roman national》）

　　　　　的建构　　　　　　　　　　　　　46

第四章　历史、书写、叙事　　　　　　　　　49

　　一、历史与书写　　　　　　　　　　　　50

　　　　1. 文风的问题，米什莱的例子　　　　50

　　　　2. 书写的偏好　　　　　　　　　　　53

　　二、作为叙事的历史　　　　　　　　　　55

　　　　1. 作为历史学家建构的历史叙事　　　55

　　　　2. 历史、文本、真实　　　　　　　　57

第五章　社会科学之中的历史　　63

　一、历史学与社会学，一场争论的考古学　　65

　二、年鉴学派：一场革命？　　68

　三、20 世纪 50 年代之后的历史与社会科学　　74

　　1. 布罗代尔、拉布鲁斯和结构　　74

　　2. 远程联盟（Une alliance de longue portée）：

　　　历史人类学　　77

　　3. 与社会学对话　　80

　　4. 行动者的回归与实用主义　　82

第六章　切割与分类：历史学家的尺度与范畴　　85

　一、分类、挑选　　85

　　1. 群体的制造　　85

　　2. 福柯旋风　　87

　　3. 一个锐利的分析范畴：性别（le genre）　　89

　二、框架定位（Cadrer）：尺度的问题　　91

　　1. 微观史　　92

　　2. 微观与全球　　94

　　3. 后殖民与庶民研究　　97

第七章　革新领域的一个个例：战争史，和平史　　101

　一、一种独特的历史？　　101

　二、一种新的冲突史？　　104

　　1. 新趋势　　105

2. 暴力 107

3. 和平 110

第八章 记忆、斗争和历史 113

一、作为历史对象的记忆 115

二、民族传奇的批判与"记忆的滥用"? 118

三、历史与介入 123

1. 介入的形式 123

2. 历史学家的经验、介入和工作 126

参考文献 129

导　论

在 1981 年"我知道什么"丛书（Que sais-je?）推出的关于历史学的那本书中，研究 19 世纪历史学家的杰出专家夏尔-奥利弗·卡博内尔（Charles-Olivier Carbonell）对他的研究对象（史学）如此定义："人们把握过去，把握他们的过去……的话语的历史。"[1] 在同时代的另一本参考书中，定义是这样的："对历史方法论的不同话语和历史书写的不同方式的考察。"[2]

30 年之后，我们在新版的"我知道什么?"中可以重复这些表述吗？毫无疑问，诸如此类的定义经过了深思熟虑，并且非常清晰，明确限定了反思的范围。但是，随着"实践"术语的加入，它们对"话语"的强调很可能被抵消了。史学当然与上述作者所确定的术语相符，但是它也致力于将历史学家置于他们的时代，置于他

---

[1]　本书的篇幅导致无法提供所提及的诸多史家作品的完整引文。它们在网上很容易找到。在某些情况下，根据上下文，引文是概括性的，在另一些情况下，我们将给出完整的引文。对于后来被翻译成法文出版的书，方括号内的日期表示该书原版的出版年份。我们力图将这一学科的"经典"置于首位，我们自身的阅读经验当然也是决定性的。引用书名显然不是为了创建一个光荣榜，而是为了让人们了解作品；尽可能地优先考虑新近的出版物，也是为了邀请人们去阅读。

[2]　G. Bourdé et H. Martin, *Les Écoles historiques*, Paris, Le Seuil, 1997 [1982].

们成长和生活的场所，置于他们职业的实践当中。自 20 世纪 80 年代以来，历史学科经历了重要的变化，我们将在本书中展现这些变化，先概述一下此类变化以便扩展定义，看来并无不妥。

首先，相较于从前，历史生产者（媒体、地方政府、其他传播机构……）明显增多，对历史在大量消费历史的社会中的角色提出了疑问。自 20 世纪 60 年代以来，由于学生和教师的大量增加，以及近来因为使用互联网带来的新的知识流通，历史学的实践发生了巨大变化。这些社会演变以及历史学科本身的变化，使得历史学家更加重视反思性，也就是思考并审视他们自己正在进行的实践、他们的个人及职业身份。历史学家明显地置身于当下，他们应该对此有主动的意识才能更好地把握过去，这一事实在当今的历史学界被广为接受。这种反思性的增加与多重思想倾向相联接，这些倾向表明，社会科学研究很大程度上就是在解构通用的范畴，并打破常识。这些发展意味着历史学家要以某种方式解构自己，然后在其工作中关注过程、关系，以及群体和认同的形成。因此，史学史长期以来关注有关历史的观念史、分析历史学家作品，近来它更加注重将历史学家的话语和实践置于他们所处的社会中，更加注重将他们的作品与语境、学术争论、政治影响和社交世界联系起来。总的来说，历史学家的反思性努力无疑有益于"史学史"的发展。在有些国家，它已经发展为历史学科中的一个特定领域，有特定的研究计划和教学课程，甚至配有教职。①

---

① F. Hadler, M. Middell, "Challenges of the History of Historiography in an Age of Globalization", in Q. Edward Wang et F. Fillafer (dir.), *The Many Faces of Clio. Cross-cultural Approaches to Historiography. Essays in Honor of Georg G. Iggers*, New York, Berghahn, 2007, pp. 293-306.

因此，当今的史学史对历史学家，他们的历史观念、研究方法、作品以及对历史的运用感兴趣。弗朗索瓦·阿赫托戈（François Hartog）还说，"历史的历史"（Histoire de l'histoire）和"方法论"（或认识论）可以在史学史（l'historiographie）名下集结。这一术语也被用来指某一时期的，或是关于某一主题、某一既定对象的历史学家作品集。它仍然是历史（学科）的代名词，或指代历史学家的著作，而 historiographe（史家）一词则被用来指代历史学家。因此，我们所谓的史学史也被称为"历史学的历史"（histoire de l'historiographie），例如，在盎格鲁 - 撒克逊世界被称为"History of historiography"，在德国，被称为"Historiographiegeschichte"或者"Geschichte der Geschichtsschreibung"。

在本书中，我们将史学史视为一门具有其规则和方法的学科，尽管它们遭到质疑和异议。换句话说，从 19 世纪开始，当专业知识成为规范，当历史学家围绕着一门课程、一项职业、一种工作方式认识自我（当然存在细微差别）之际，像这样的历史得以被书写。当今这种历史首先实践于大学和研究中心——在法国，尤其是国家科研中心 CNRS，其中有些是特定机构（例如始于第二帝国的高等研究实践学校）。它依托历史学家协会、学术组织，按照主题领域或时期，组织定期或不定期的专题讨论会，编写学术杂志。围绕一个专业核心，历史学科找到了各种形式的转播站：如中学教育（一些历史教师也是专业研究者）和出版社（无论如何，出版社的策略及选择影响到对该学科的定义），以及其他多种普及形式，例如法国的《历史》（L'Histoire）杂志、德国的《往昔》（Damals）

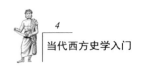

杂志。

政治史、社会史、经济史和文化史之间的重大区分，常常特别明显地表现在机构、著作和争论中。例如，过去二十年来文化史的飞跃是史学景观的显著特征。我们不会这样分门别类地论述这些领域，但我们将在另外的主题下使它们相互交叉。

本书的限定不会阻止我们回顾在成为职业和学科之前对于过去的书写，这样做为的是强调对比和演变。但是，无论是涉及中世纪的教士还是今天的记者，关于过去的非学科化书写都不是讨论的重点。

本书是由一位在法国任教的历史学家用法语撰写的，无疑存在偏爱法语地区史学的风险，但在短小的篇幅中，它注重为不同的史学反思和著述留出位置，尤其是德国和盎格鲁－撒克逊的史学。不仅因为这些语言对作者来说更为熟悉，而且因为它们的国际影响力重大。在叙述中，我们还应该警惕一种目的论的史学史，即描述一门现代科学的连续性发展，一种创新的史学出现，接着占据主导地位，然后被另一种史学取代：如德国的科学史学，接着是年鉴学派，等等，就像是一部胜利者的历史。一种新的或自认为是新的书写方式的出现，或一种新潮流的产生，常常使人遗忘或边缘化以前比较孤立但已然是原创或特别的著作。这就是为什么我们偏爱一个主题性计划，因为相较于宏大叙事，它保留了历史写作的问题或难题。最后，我们希望这本小书有助于证明，史学史研究远不是对经典作品的抽象解读，它同时也处于某种传承中，因为历史是一门积累的学科——那些限于展示它们的史料却没有讨论传承的著作是多么贫瘠。它有助于反思史学的实践，并最终有助于思考过去和现在的联系。

　　我要向帕特里克·布琼（Patrick Boucheron）、安德烈·洛埃（André Loez）、安托万·普罗斯特（Antoine Prost）、彼得·斯科特勒（Peter Schöttler）和斯特凡·范戴姆（Stéphane Van Damme）致以由衷的感谢，他们细致审阅了本书，并将他们的意见反馈给我，这些意见极大地促进了本书的修改。

第一章

历史学家与时间

　　历史学家职业的一个特点，尤其与其他人文科学相比，在于**在时间中**研究社会。尽管这个独特之处——我们后面还会讨论——在今天可能不如乍看起来那样明显。在时间中思考事物意味着对变化和演进保持关注，马克·布洛赫(Marc Bloch，1886—1944)写道："历史是关于变化的科学，并且在很多方面，它也是一门关于差异的科学。"① 因此，历史学家致力于研究变化，这并非毫无意义，正如安托万·普罗斯特指出的那样："历史课就是要告诉学生，政体与制度是变动不居的。这是一项把政治去神圣化的事业。"②

　　对于历史学家来说，时间首先并非一种哲学或伦理问题。它是一个研究对象，一个方法论问题。历史学家探询合适的时间划分、

---

① 　 « Que demander à l' histoire ? », in *Mélanges historiques*, Paris, réédition cnrs, 2011 [1937], p. 3-15.

② 　 A. Prost, *Douze leçons sur l'histoire Paris*, Le Seuil, 1996 ; nouvelle édition augmentée, 2010, p. 22. 此处参考了王春华译，《历史学十二讲》，北京：北京大学出版社，2012 年，第 23 页。——译者注

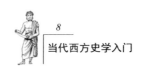

所研究的行动者与时间的关系，以及所回顾的时代与他所处的当代之间的关联与差距，不是用形而上的眼光来看待，而是为了更好地确定和理解他的研究对象。

一、行动者的时间

1. 单数时间与复数时间

时间本身就是一个研究对象。通过探询其研究的行动者如何感知单数时间和他们的复数时间，如何在行动与考验中动用时间和过去，历史学家常常获益匪浅。这也引起了社会学家的注意。正如诺伯特·埃利亚斯（Nobert Elias，1897—1990）所强调的，个体的时间并非独立自主、无拘无束的，它参与到其所生活的社会当中。埃利亚斯还说，个体学着与时间的社会体制（la régulation sociale du temps）共生。①

然而，并非所有的文明都借鉴或选择相同的体制。在古代的中国和日本，时间被普遍看作周期性的、循环的，无法预测的时间在中国的历史书写中并无一席之地。年代标记根据的是朝代和统治者的在位年份，而朝代和统治者的在位仿佛周而复始。11世纪在西方普及开来的公元纪年，提供了一种新的时间感知方式，它始自一个奠基性的事件，即耶稣道成肉身。但是，这种时间并不是自由展开的：它走向一个期待的终点，即末日审判和天国降临人间。这种对

---

① N. Elias, *Du temps*, Paris, Fayard, 1997 [1984].

神的复归的期待是基督教时间观念的标志，从那时起，这一观念限制了绝对革新的所有可能。

2. 历史是生活之师

在许多社会中，"过去的典范"这一观念表明了与历史的关系。这就是说，过去的时间指导现在，历史应该作为思想与典范的宝库，供当代人取用。在古希腊时，遥远的过去已经存在于荷马史诗及其他史诗的诵读之中（马塞尔·迪蒂安 [Marcel Detienne]），即使古代史学家对某些细节进行了批评。历史应该不容置疑地遵循这一方向，它"作为一种传统而诞生（并延续）"（保罗·维纳 [Paul Veyne]）。被视为西方"历史之父"的希罗多德（约前485—约前425），力图部分地像荷马一样讲述过去。但是他区分了人的时代（较近的过去，他要处理的唯一时间）、神的时代和英雄的时代。为了讲述伯罗奔尼撒战争之前发生的事情，修昔底德（约前455—约前395）重复了荷马的模式。他们感兴趣的终归是当下。因此，"荷马通过传统和记忆编织起连续性，阻碍了一种新的过去意识的产生"[①]。到了中世纪，基督教世界以道成肉身这一奠基性时间为标志，历史则转变为福音、耶稣生平、神圣历史和世俗历史，这种历史是生活之师（magistra vitae）和当下的典范。因此，改革就是回到一个理想化的时代，根据时代的不同，这个理想时代可能是早期基督教时代、查理曼时代或圣路易时代。文艺复兴仍然重视或多或少

---

① M. Detienne, *Comparer l'incomparable*, Paris, Le Seuil, 2000, p. 77.

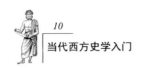

神化了的过去中的楷模生活，将其看作典范。

到了近代，伴随着展望进步与未来的、新的时间观念的发展，作为人生导师的历史不再重要，但它并没有因此消失。历史垂询的思想，即过去的典范指引着当下，依然贯穿于很多思想与著作中，甚至在统治者那里成为可能。历史学家自身也常常被这种解读所引诱，例如，在第一次世界大战期间，儒勒·伊萨克（Jules Isaac，1877—1963）回忆了 1917 年与法国官方史学大家欧内斯特·拉维斯（Ernest Lavisse，1842—1922）的一次对话："我对他说，看到议会共和国的重建是奇怪的，这一现象类似于旧制度下发生的状况，由于宫廷矫揉造作的气氛，国王远离了民众。今天这一矫揉造作的气氛弥漫于议会圈子。拉维斯回复道，尤其是国家元首年俸和秘密资金，让我们重新回想起旧制度。"①

3. 进步的时间

伴随着启蒙运动和法国大革命，时间观念极大地改变了。近代时间表现为伸向未来的进步时间，当然其中不无细微变化和演变。因此，近代时间通常被认为是一种将先前的留存弃置身后的进步。传统的经验被广泛排斥（但排斥的强度有所不同），转而强调每个时刻的独特性。一种历史特有的时间似乎正在展现：因此解放了历史。② 作为理解社会的主要范畴和集体动力的历史，被称为历史主

---

① J. Isaac, *Un historien dans la Grande Guerre. Lettres et carnets 1914-1917*, Paris, Armand Colin, 2004, p. 286.

② R. Koselleck (1923—2006), *Le Futur passé*, Paris, Éditions de l'ehess, 1990 [1979].

义。实际上，从 19 世纪下半叶开始，历史主义（historisme，或是 historicisme）的概念，就成为众多讨论与表明立场的对象。在第一种意义上，历史主义对应的是一种面向历史本身的历史实践，它与当下的挑战无关。在这里，事实的积累看起来本身就是目标。人们常常强调这种方法的虚妄，以至于蔑称其为"历史主义"（historisme）。对历史主义和历史的过分之处的批评来自尼采，他反对黑格尔[①]和兰克（见第三章），将"人生"与历史（作为过去与学科的历史）对立起来，在《历史对于人生的利弊》（《不合时宜的沉思》第二篇）中，这些批评发挥了主导作用，但并没有对历史学家产生实质影响。其他哲学家也在嘲讽"历史病"：对客观性的虚假自信（既往之事总是愚蠢的，更像位笨伯而非神明）导致了人性的衰弱、本能的蜕化以及创造力的抑制（"历史学家窒息了幻想"）……历史主义有时不无关系地指向古典历史的方法，即客观主义（见第 43 页）。

　　在更雄心勃勃的意义上——这也是内在于作为历史解放者的时间的——历史主义是一种思想方法，根据这种方法，人们可以在历史中发现理解现代社会的特选方式；它是一种"主张尘世生活方式具有彻底的历史性的普遍世界观念"[②]，"一种认为万物皆成历史、万物都通过历史来转述的观念"[③]。历史也就成了现代性的一

---

　　①　黑格尔 (1770—1831) 在他的历史哲学中提出，所有现实都是历史的，自由是历史发展的产物。

　　②　A. Escudier, « Historisme/Historismus », in C. Delacroix, F. Dosse, P. Garcia et N. Offenstadt (dir.), *Historiographies*. Concepts et débats, vol. I, Paris, Gallimard, 2010, p. 453.

　　③　O. G. Oexle, *L'Historisme en débat. De Nietzsche à Kantorowicz*, Paris, Aubier, 2001[1996], p. 7-8, 45, 82.

种基本构成力量。因此哲学家兼神学家恩斯特·特勒尔奇（Ernst Troeltsch，1865—1923）将历史主义视为"我们认知与思考的根本上的历史化"①。对历史主义的批评往往针对其潜在的相对主义（任何现象都被置于它所处的时代）。最后应当强调的是，奥古斯特·孔德（August Comte，1798—1857）的历史唯物主义和"实证主义"源自历史主义（见第三章）。

20世纪末，当代民主被置于西方主流思想的优先地位，仿佛它是人类社会构造的终极前景，尤其是在东方共产主义阵营受挫之后：这些已经引发了"历史的终结"名义之下的众多反思，在某种意义上，时间好像已减速，现代时间，大步向前的时间，已经变得模糊，以至于社会演进只能巩固或调整一部已经完结的历史，这就是自由资本主义经济的历史，它与民主的关系尤其紧密。

4. 历史性体制

为了确定行动者置身于时间中的方式，历史学家们现在经常使用"历史性体制"（régime d'historicité）的概念，这一概念由弗朗索瓦·阿赫托戈在一本全面的著作中加以探讨。在特定的社会中，这一术语表示时间关系的多种方式，以及行动者的时间体验。也就是说，当时人以何种方式表达三种时间（过去、现在、未来），不同文化以何种方法建构其关于时间的表象。行动者的时间观立足于他们从过去保留了什么，这是一种当下化的过去，即他们的"经验空间"（它

---

① E. Troeltsch, *Ibid.*, p. 112, 119.

是滑动的：科塞勒克写道，"经验相互重叠，相互渗透"[①]），以及他们对未来的期待远景，即他们的"期待视阈"。[②] 这些分析还指出，对于一个时代的行动者来说，还有其他可能发生的未来，其他已经消逝或仅仅微弱维系的选项。阿莱特·法尔热（Arlette Farge）将其恰当地称为"可能的召唤（appel du possible）"。在特定社会中，对未来（或多个未来）观念的关注，乃是对时间及社会本身进行反思的富有成效的视角。[③]

从历史学家具体研究的角度看，重要的是发现特定时代与社会的三种时间相应的地位及重要性。阿赫托戈描述了三类连续的历史性体制，最近人们勾勒了其中的重大演变：在古代体制中，过去是生活的导师；在面向未来的现代体制中，启迪之光就来自未来，历史因而被构建出的大型实体（如民族、人民、无产阶级，视情况而定）所驱动；最后是当今呈现的新体制，在这里，无所不在的当下粉碎了其他时间，尤其是当重大改造运动最终沉没在权力运动进程之中时，未来就变得晦暗模糊。正如阿赫托戈所解释的，历史性体制这一概念能使我们进入不同的史学领域，包括历史传记：例如，拿破仑由于选择帝国形式而处于古代体制中，但同时又因为法国大革命而置身现代体制之中。

---

① R. Koselleck, *op. cit.*, p. 314.

② *Idem.*

③ 参见科塞勒克的学生 Lucian Hölscher 的著作，尤其是 *Die Entdeckung der Zukunft*, Francfort, Fischer, 1999。

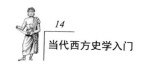

5. 时代的词语：概念史

如果历史学家试图要理解行动者与时代的关系，他必须始终知道如何衡量他与其研究对象之间的距离，这就是 20 世纪 60 年代出现的概念史（特别是在德国）所强调的任务。它主张历史经验和人类行动实际上在语言、术语和概念中有所对应。"概念"具有"一定的具体普遍性"，并且"同时承载着若干意涵"①，比如说"国家"这一概念。概念史将历史变化、行动者的感知与语言中的凝结联系起来。当然，并非所有概念都具有相同的时间性，这取决于它们是否被用于恢复过去的经验。通过语言这一原料形成的人类经验，乃是历史学家认知的依托。正如迈克尔·沃纳（Michael Werner）总结的那样，概念"同时规定了历史经验与历史认知"②。科塞勒克甚至写道："目前对过往研究对象的任何处理，都意味着一部概念史。"③与思想史不同，概念史并不打算与其所依赖的社会史分离，它只是"为了替人保存消逝的现实与语言证据之间持续存在的不可化约的差距"④。因此，科塞勒克强调，要分析 19 世纪普鲁士改革者与容克之间的冲突，最好追踪他们围绕"财产""公民"等术语开展的"语义斗争"。⑤

概念史提示我们警惕词语与思想的表面永恒性，并将每种词

---

① R. Koselleck, *op. cit.*, p. 109.

② In R. Koselleck, *L'Expérience de l'histoire*, Paris, Gallimard/Le Seuil, 1997, p. 7.

③ *Ibid.*, p. 102.

④ *Ibid.*, p. 118.

⑤ R. Koselleck, *Le Futur passé, op. cit.*, p. 100 et suiv.

语和思想的用法置于其特定的时代。这样一来，概念史得以不断拓宽视野。

二、历史学家的时间

对历史学家来说，时间并不是给定的或已经存在的。时间是他所研究的行动者的一种表象，也是一种分类工具，一项为了制定其研究框架而进行的关键组合。历史学家甚至可以构建尚未发生的场景，这就是所谓的反事实历史（l'histoire contre-factuelle，counterfactual history）。

1. 被发明的时间？反事实历史

反事实的方法旨在探索尚未选取的道路、尚未发生的进展，以便衡量它们可能的关联（如果……则会怎样 [what if, was wäre geschene, wenn...]），法国历史学家常常对此表示怀疑。它在盎格鲁－撒克逊世界引发了众多的研究和讨论。从方法上讲，反事实历史使我们能够研究因果关系（社会学家马克思·韦伯 [Max Weber, 1864—1920] 已经强调过），通过扫荡可能性的领域来深化对决策情况的分析。因此，经济史学家通过变更数据，思考一些已经发生的经济演变，例如如果美国没有铁路（罗伯特·福格尔 [Robert W. Fogel]）会怎样。杰伊·温特（Jay Winter）同样提出了一个反事实估算，即如果第一次世界大战没有发生，大不列颠的死亡率会出现何种变化。结果令人惊讶：男性（不包括参战年龄段的男性）的死亡

率会更高，这似乎证明了一战也是民众生活条件得以改善的原因。[1]

2. 时间的顺序与划分

更普遍地讲，历史学家最早的一类著作就是按照时间顺序对事件进行分类，这就是我们所说的年表。中世纪早期的年鉴已经开始逐年介绍最有名的事件。当代历史学家依据起初粗制的年表，来建立其他更加深入且精细的时间性。必须通过分期及相关的连贯来理解变化，并且知道如何识别那些断裂。正如安托万·普罗斯特提出的，时间性表现在两方面。一方面，存在着"冷"分期（les périodes《refroidies》），也就是习惯性的分期，它立足于很长时间以来的连续调整；另一方面是为自己的研究对象找寻最佳分期的必要工作，即"活的"分期（la périodisation《vive》）。

"现成的"或"冷"分期乃是微妙的遗产。它们构成了一件紧身衣，有时过于僵硬，并不合身，甚至受过时的概念的指引。但与此同时，它们适宜于保存一种世代相传的共同语言，从而使得著作继续被人理解和传播。这些"现成的"分期中最鲜明的例子就是古代、中世纪、近代和当代的历史四分法，它在法国尤为流行。因此，中世纪学家瓦伦丁·格罗布纳（Valentin Groebner）近来主张，"中世纪"这一概念只是作为一个人人按自己理解而使用的"工具箱"而存在。[2] 这个概念绝非不言自明的。人文主义者，尤其是彼得拉克，

---

① Cf. A. Prost et J. Winter, *Penser la Grande Guerre*, Paris, Le Seuil, 2004, p. 214-215.

② V. Groebner, *Das Mittelalter hört nicht auf. Über historisches Erzählen*, Munich, Beck, 2008.

已经以一种沟通联系的意思塑造了位于古代与复兴之间的中间时期的形象，即便很多知识取自中世纪。宗教改革时代亦是如此，它追求有利于自身的学识复兴主题。特别是伴随着 17 世纪的伟大学者（马比荣 [Mabillon]）的论著，一个不那么消极的观点发展起来，中世纪这一概念在 18 世纪历史学家的笔下不再只是贬义的。在学者们的眼中，中世纪是黑暗且迷信的时代，但在这个由人文主义者塑造并由启蒙主义者维持的观念之外，另一种宏大叙事开始形成，它诉说的是一个具有真实性和情感的中世纪，浪漫主义者（歌德、诺瓦利斯 [Novalis]）将从中重获感情的真实。从这些不同元素出发，形成了一种"民族的"中世纪形象，它被看作同质的民族的根源：这种潮流 18 世纪末就已出现，19 世纪更加明显了。语文学、古文献研究参与了民族认同的建构。人们可以对每一个经典分期开展与格罗布纳类似的分析，以便证明时代的轮廓是多么依赖于某个时代的关切（enjeu），它的界限是多么不自然。

其他的分期形式也是如此，比如 19 世纪初才得到广泛运用的世纪（le siècle）。不过，它的用法依然灵活，当今的历史学家常常努力以一种分析而非计数的方式来思考世纪，一个显著的例子就是霍布斯鲍姆（Eric Hobsbawm）所思考的"短暂的 20 世纪"（1914—1991）。① "现成的"分期的问题也存在于历史上的典型时刻，例如 1337—1453 年间发生的"百年战争"，尽管它在很多方面延长了金雀花王朝与卡佩王朝之间的早期冲突，但它远非一场持续

---

① *L'Age des extrêmes*, Bruxelles, Éditions Complexe, 1999 [1994].

的战斗；再例如"法国大革命"，它的结束时间尤其引发了激烈的讨论。

因此，历史学家非常广泛地考察他们所继承的时期或分期的混乱。马克思主义哲学家恩斯特·布洛赫（Ernst Bloch，1885—1977）曾在《这个时代的遗产》（*Erbschaft dieser Zeit*，1935/1962）中提出了"非同时事物"的同时性（Gleichzeitigkeit des Ungleichzeitigen）问题，即过往势力（die Reste）在某个当下时代（这里指的是20世纪20年代的德国）继续存在。这些旧制度的残余并没有被现代资本主义社会所覆盖，从而表现为一种潜在的张力——资本主义"理性"中的非理性。这种延续在诸如非资本主义经济的形式中具有客观维度，在贫困阶层的表象与不安中则具有主观维度。美国历史学家阿尔诺·迈尔（Arno Mayer）尤其注重这方面的反思，特别是在一本既有启发性也备受争议的著作《旧制度的坚持》（1981）中，该书认为，无论是在政治体制还是社会统治方面，欧洲的旧制度一直延续到1914年。科塞勒克从更为概念化的视角出发，在关于时间的论著中重振了对于"非同时事物的同时性"的反思，这也被后殖民主义研究所借鉴（见第六章）。

在"冷"分期背后，有必要描述出变化、断裂和更具独创性的分界，以便适应历史学家试图把握的对象本身。对于理解威尼斯航海（首先是公共海运）的变迁及其带来的经济、政治与社会利害（Claire Judde de Larrivière 的研究）来说，中世纪与近代之间的传统鸿沟并无意义，一个僵化的分界同样没有任何意义。此外，盎格鲁－撒克逊历史学家正在更多地研究从文艺复兴早期到文艺复兴盛

期的过渡。因此，迈尔囊括了 15、16 世纪，必要时再向前追溯，除
了适用于其对象的分期外，没有设定任何界限："我们在本书中试图
揭示的现实是不断变化的，人们过于急切地想要把它们称为中世纪
或近代、经济或政治、局势或结构，因而有使这些灵活的范畴或对
象陷于僵化的风险。"①

　　时间划分和分期的工作，导致了对"冷"分期的重新审视，雅
克·勒高夫（Jacques Le Goff）对中世纪年代限定的反思就说明了
这一点。勒高夫不无挑衅地提出了"漫长的中世纪（très long Moyen
Âge）"，从公元 3 世纪或 5 世纪到 18 世纪甚至 19 世纪。因此中世
纪文化具有的一套价值观，只能随着法国大革命和工业革命而逐渐
瓦解。这些价值观（忠诚、等级、荣誉等等）以《圣经》为基础，
因而在结构上远远超出了 15 世纪这一习惯性的分界。

3. 多元的时间性

　　在其著名作品《菲利普二世时代的地中海和地中海世界》（第
一版出版于 1949 年）中，费尔南·布罗代尔（Fernand Braudel，
1902—1985）提出"把历史分解为几层平面"（décomposition de
l'histoire en plans étages）②。他区分出长时段，地理与物质环境的时
间，"几乎静止的历史，即人类与周围环境（气候、风俗、景观……）

---

① C. Judde de Larivière, *Naviguer, commercer, gouverner. Économie maritime et pouvoirs à
Venise* (xve-xvie siècles), Leyde, Brill, 2008, p. 11.
② 此处参考了唐家龙、曾培耿等译，《菲利普二世时代的地中海和地中海世界》（第
一卷），北京：商务印书馆，1996 年，第 10 页。——译者注

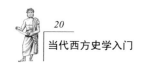

的关系史"。长时段位于历史学家研究的中心。它也是历史运动的重要决定因素。然后，布罗代尔确定了中时段，社会的时间，"一种节奏缓慢的历史"，经济周期、货币价格波动、交通干线的历史。最后是短时段，政治事件的历史，包括政治对抗、查理五世的退位，是"一种表面的骚动"。可以这样说，我们应该把这样的时间三分放到语境中，就像热拉尔·努瓦里耶（Gérard Noiriel）所做的[1]：在著作的第一版中，布罗代尔仅仅赋予了时间三分法某种阐述功效，将其作为陈述的结构。所以这样的时间三分中并没有理论意向，或者制定一个分析框架的意图。部分而言，对长时段的思考与关于特性的思维紧密相联，这近乎一种扎根（enracinement）观念，布罗代尔在构思这部著作时，很大程度上融汇了这种观念（我们在 1986 年出版的《法兰西的特性》中重新发现了它）。只是到更晚的时候，布罗代尔才清晰地区分了三种时间，从而将其升华为一种具有普遍适用性，并将产生巨大影响力的分析观念。布罗代尔实际上强调了缓慢变化的事物以及长时段，它在 20 世纪 60、70 年代成为历史学家们思考的核心方式。在结构主义的推动下（见本书第 74—77 页），当时的社会科学致力于研究社会的深层结构、社会群体中最稳固的规律性，伊曼纽埃尔·勒华拉杜里（Emmanuel Le Roy Ladurie）其至提出了一种"静止的历史（histoire immobile）"。当时的历史学还以《年鉴》（见第五章）为核心尝试研究心态，即努力阐明不同社会群体或多个社会共享的态度举止、心智习惯、集体无意识，还有罗贝

---

[1]　G. Noiriel, *Penser avec, penser contre. Itinéraire d'un historien*, Paris, Belin, 2003.

尔·芒德鲁（Robert Mandrou，1921—1984）通过"蓝色丛书"研究的"大众文化"，或菲利普·阿利埃斯（Philippe Ariès，1914—1984）所研究的面对死亡的态度。"心态"研究几乎天然具有长时段特征，有时长达数百年，这是一种流动极其缓慢的时间。

第二章

历史学家、材料与考证

朗格诺瓦（Charles-Victor Langlois，1863—1929）和瑟诺博司（Charles Seignobos，1854—1942）的奠基性手册——《历史研究导论》（1898）明确指出，历史是一种对"被称为材料"（documents）的痕迹的认知。人们通常用"史料"（sources）一词来指代奠定研究工作的一手材料，也就是指由被研究的历史的行动者产生的材料，它们产生的日期就在特定时刻或之后不久，时常以重塑的形式传播。这种笼统概念一经提出，史料种类的丰富性几乎是无限的：就物质形态而言，包括从书面到口头，其中还有绘画或有机物遗迹；从来源上说，包括政府档案、考古发掘以及文献发现；在编排上，则有仔细研究的史料、不同资料集的比较，以及对可计算材料的系列化。

什么是材料，尤其什么是"好材料"，这个观念随时间而变化。历史学家对材料的使用同样是变化的，这取决于历史学家的观点、研究目的、对材料的保存以及他的方法。某些材料本身就是研究对象（如在文学史中），对另一些材料的分析旨在获取不同的资料（例如经济史使用的中世纪和近代的账目），还有一些材料被当作范例

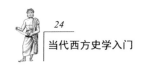

或一般性证明的佐证。历史学家区分了明确为服务历史而产生的材料和没有此目标的人类活动的遗迹。如德国史学区分了传统（la *Tradition*，为了流传而制造的遗迹）和残余物（les *Überreste*，直接传达的遗迹），当然这种分类引发了讨论和修正。

一、收集与考证

从古代开始，历史学家就不断增加信息来源。中世纪编年史家将口头调查与书面材料研究（修道院或王室的档案）结合起来，有时甚至是碑文（也就是研究刻在石碑、界石等耐久承载物上的铭文）。即使是在自己的著作中使用这些文本，很多作者都会有所增删，甚至将它们与自己的叙述融为一体。有些材料（documents）只能以这样的方式得以保存。也就是说，即便古代历史学家关心他们讲述的真实性，这种真实仍局限于那个时代的评判系统——如权威性的优先地位，遵循那个时代的各种观念：对西方来说，人类史尤其刻写在基督救赎之中，当然也会考虑称赞或拔高某种君主，捍卫修道院的物质利益，或者彰显骑士的英勇业绩。在这一视域中，编年史家或多或少地可以创造出部分虚构的历史场景。随着 15 世纪人文主义的出现，人们对材料的看法发生了变化，语文学的、史料来源和内容考证的维度获得了新的地位（参见洛伦佐·瓦拉 [Lorenzo Valla，1407—1457] 的著作，尤其是他对君士坦丁赠礼虚假性的语文学和文献学考证）。到了 17 世纪，在一种考证方法迅速发展的背景下，人们理解的考证分析获得了坚实的基础，其中包括奥拉托利会修士理查德·西蒙（Richard Simon，1638—1712）对神圣文本的研究[①]。莫尔会修士（les mauristes），特别是让·马比荣（Jean Mabillion，1632—1707），在材料处理方法的制定与传播上发挥了至关重要的作用，此种方式能确定材料的来源，可以通过有序的工作来筛选档案以证实其内容。马比荣的《论古文书学》（1681）奠定了古文字学的基础，这门学科就是对古代书写和古文书进行解读，或曰对书写实践及其形式与制造的研究。世俗学者常常与莫尔会修士合作，推动了一种能够首先运用方法来处理材料的博学研究。

随着历史学的职业化、档案保存和文献研究（法国国立文献学院于1821年成立，重要性持续增加）的发展，考证方法开始系统化，并成为历史学家的职业基础。首要的是，必须通过物质与形式分析（纸张、字迹、印章等）确保材料的真实性和出处，这就是外证。在历史探询中，人们更加看重书面材料。人们认为它是最原始的、最接近传播源头的，应该被优先加以搜集和研究。文本（le texte）因而成为"非物质化"材料的历史学家工作的中心。从某一材料派生出来的各种形式，后世赋予该材料的不同版本，在分析中则经常被置于次要地位。

19世纪历史学家和档案工作者的大部分著作也与史料的编订和出版有关。在法国或德国，在国家与地方两级，出现了庞大的资

①　关于西蒙的《圣经》考证观念，见 P. Gibert, *L'invention critique de la Bible, xv-xviiie siècles Paris*, Gallimard, 2010, 尤其是 176 页及以后。

料汇编。法国的地区历史档案，或德国著名的《德意志史料集成》（*MGH*，于 1819—1824 年间发起，并且仍在继续），极大地支持了研究。这里关心的材料既是语文学的，同时也关系身份认同。材料的收集往往试图证明国家和地区的祖传性、它们的历史力量或者它们的统一。因此，民族主义与对最古老、最真实的追求交织在一起。

二、20 世纪的新视角、新材料

但历史的材料范围在不断扩大，人们不再局限于书面与原材料的首要性。在书面史料之外，《年鉴》杂志的小团体（1929）呼吁材料的开放性（见本书第 68 页）。该杂志关注图像，尤其是用于经济与社会史的图像（标题为"经济与社会史的图像学"），除此之外，它也毫无疑问地比之前更关注人类生活的景观或物质遗迹（钱币、工具等）①。从此材料的扩展就没有止步，人们今天可以肯定，"一切都是材料"，它涉及考古发现的食物残余、家庭照片，甚至是涂鸦。口头和视听档案在这里发挥着越来越重要的作用。然而，对于当代来说，材料的丰富并非没有激起对于史料用途与保存的探询和质疑。数以百万计材料的网上发布加剧了这些问题。轻松获取这些史料当然令人晕眩。这种情况仍在发展，它促进了研究策略的重新定义乃至转向。

---

① C. Delacroix, F. Dosse et P. Garcia, *Les Courants historiques en France, xix-xxe siècle*, Paris, Gallimard, 2007 [1999], pp. 258-259.

无论是涉及政治词汇（选举人的宣告或演讲），还是关于社会经济的数据（遗嘱），系列分析充分地立足于 20 世纪 50—70 年代间的历史科学的进步。数字可以为已确定的看法提供证据，以及/或者有可能回答那些寻找长期起因、经济社会演进之动力的历史问题。

　　对这种历史的批判，尤其是对材料自己会说话的信念的批判，以及对历史与历史学家语言的新关注（"语言学转向"，见第四章），带来了一种审视材料的新视角。新视角尤其表现为这样一种观念：独特文献的选取，不同文献的定性对比而非系列化，对文学批评和社会科学所提供的方法的借鉴，将使研究成果与大型定量调查同样可靠。从 20 世纪 80 年代开始，各种历史著作和趋势（例如微观史，见第 92 页）已经表明，聚焦于有限的资料集可以为历史增添重要的成果。口述史也蓬勃兴起。它被定义为优先使用原始史料、口头证据，而这些材料往往由使用它们的历史学家收集或促成。20 世纪 60 年代，在批判支配权和社会科学研究的影响之下，尽管那些依赖书面文献的历史学家抱有疑虑，但整个潮流都致力于揭示或发展一种"大众话语"（parole populaire），其中口头证据是一种矢量（日常生活史 [Altagsgeschichte]，《历史工作坊》，见下文第 38 页和第 79 页）。口述史随后被引入历史学家的实践。盎格鲁－撒克逊国家是这方面的先行者，凭借自己的协会和期刊很大程度上发展了这种历史。对口头史料的重视，对其处理的反思，在确立一部独立之后的真正的非洲史中起着关键作用。

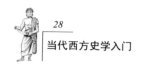

三、作为问题的材料

虽说今天的历史学家在自己与史料的关系方面能有相对自由的选择，但他们依然依赖于档案与文献的保存状况。很大程度上说，历史学家全部的方法、研究与成果都取决于他们能够掌握的材料。史料资料库的建立是一个经历多次筛选的过程，历史学家们力图越来越多地认识这一过程，以便更好地了解他们研究的问题。

筛选当然与自然的或意外的毁坏相关（尤其是两次世界大战）。筛选也依据时代与文献的关系。法国大革命期间国家档案馆的建立证明了这一点。这家机构最初是从行政、公证和司法角度被构想的。因此，考虑到当时的情况，负责人被要求依据这些标准（特别是无用的封建凭证）进行挑选与销毁，而非根据历史研究。在这一初创期之后，材料保存的逻辑产生了各种各样的后果，例如取样法，指的是由于无法储存全部，只得在一系列材料中保留有限数量的样本（例如关于 1914—1918 年后重建时期的个人档案）。安托万·普罗斯特在其关于勒内·卡辛（René Cassin）[1] 的传记中谈到，不管是被毁还是遗失，他都无法再次找到这位退役军人的年金档案（卷宗），而他曾为了他在 1977 年出版的关于这位退役军人的论文查阅过这份档案。

筛选与选择的过程不仅限于意外和政治局势。分类的程序、材料的收集、资金的提供也起作用，并且对据此展开的研究产生影

---

[1] Avec Jay Winter, *René Cassin*, Paris, Fayard, 2011.

响。它同样事关民族传统，不同民族传统在这方面存在分歧。材料的可接近性增添了问题。查阅"敏感"时期的新近材料的问题引发了广泛的争论①：如何处理档案法规、政治问题和自由研究之间的关系？争论既涉及新近档案的开放日期，也涉及根据材料的开放程度而进行的分类和定性。对于欧洲前社会主义国家来说，这些问题仍然是热门话题，因为这一较近过去的很多亲历者还活着：解封档案不单是一个简单的研究或真相问题。② 在任何时代，材料都不仅仅是——并且很少优先是——历史学家的史料。它的地位是多重的，事实上承载着时而司法的或政治的，时而情感的或感受的象征性。档案可以作为战利品，（对档案的）政治挪用有时很重要。

四、历史学家和他的史料

历史学家与史料的关系也超越了他所能处理的范围。研究的物质层面是研究者与其研究对象之间关系的一部分。很多人已经描述了查阅材料的场所的重要性，特别是当谈及人们所研究的过去之时。历史学家与材料之间的物质接触是一个特别的、有时使人不安的时刻，例如，当涉及几个世纪之后才解封的档案时，或者近距离发现被完全遗忘的（战死的、被判刑的……）人的生平之际。1900年（巴黎）历史大会上的亨利·豪塞（Henry Houssaye），或是后来

---

① S. Combe, *Archives interdites. Les peurs françaises face à l'histoire contemporaine*, Paris, Albin Michel, 1994, réédition Paris, La Découverte Poche, 2001.

② 例如，乌尔丽克·波贝（Ulrike Poppe）关于发现史塔西（Stasi）档案的证词，*Genèses*, 52, 2003, p. 119-132。

的阿莱特·法尔热（Arlette Farge），更为详尽地描述了"档案之魅"（goût de l'archive）：历史学家单独面对史料时内心的激动，那一刻所产生的"实感效应"，以及发现之喜悦，即使这发现微不足道。最近，中世纪史研究者阿兰·布罗（Alain Boureau）强调了他与（12—14世纪）经院哲学文本密切的、带有精神分析色彩的关系。他描述了阅读这些中世纪大学者与他个人思考的演进之间的关联（尤其是在一次严重的摔伤之后）："我非常享受手稿中的经院哲学文本……这就是我所谓的古文疗法（paléo-thérapie），它时而沉浸在笔端的起伏中，时而是因为揣测到隐含思想所带来的狂喜。"①

导论中提到历史学家职业的反思性的提升，这也导致对材料的重新思考。史料的物质性因而被越来越多地质疑。这些研究揭示了意义的谱系、材料保存中蕴含的权力关系、对某个时代的序列化处理意味着什么等等。因此，人们提出一种"新博学"（nouvelle érudition），旨在构建一部真正有关历史学家的知识构建的历史，无论是从文书学方面还是从档案方面；但人们也提到"实证主义倒退"的风险，如果这种"新博学"认为材料只能说明它自身的话。②材料生成的问题引发了众多研究者的兴趣。史料是一种制造出来的对象，一个终点，因此应该重绘其来时的路径，不仅是为了最终更好地研究它，而且它本身就是各种实践的见证。特别是近些年来，围绕契据集（cartulaires）或"家庭档案"（P. Chastang, J. Morsel），中

① A. Boureau, *En somme*, Lagrasse, Verdier, 2011, p. 27.

② P. Boucheron, *Faire profession d'historien*, Paris, Publications de la Sorbonne, 2010, p. 79-80.

世纪史研究者在这方面做了很多工作。在当代，菲利普·阿蒂埃尔（Philippe Artières）从 19 世纪的罪犯自传或与利雪的德兰（Thérèse de Lisieux）① 相关的文字作品出发，发展出"一种书写的社会史"，"一种文书的历史人类学"。从此，对最"原始"文本的追求不再那么重要：应该把同一文献的不同呈现形式、每个时代在复制该文献时各个版本所具有的意涵放在同等重要的层次上。"新博学"非常注重文献的图像与视觉形式（例如一份手稿上的图案和标记），不仅是作为外证的一种史料，也是作为提供关于生成它们的社会的信息的材料。材料在特定情境下的使用和处理方式（公共阅读、书桌的使用、保存的地点），也使以新的眼光去研究文献成为可能。从这一角度来看，赝品与伪造（faux/forgerie）问题的提法就有所不同。② 它不只涉及对可疑材料的谴责，或将其置于次要层面，还应该了解赝品或伪造对伪造者可能意味着什么。

文献，不单单是一种简单的资源，它涉及历史学家职业的各个方面，甚至触及他们的公民问题（见第八章）。

---

① 利雪的德兰（Thérèse de Lisieux，1873—1897），法国赤足加尔默罗会修女。——译者注

② 参见 A. Grafton, *Faussaires et critiques*, Paris, Les Belles Lettres, 2004 [1990]。

第三章

作为科学的历史

历史是立足于材料的、时间的科学，但是它的身份依然存在争议。当历史在 19 世纪成为一门有着自身规则与方法的大学学科之后，它的地位总是引发许多反思和分析，这些反思和分析带有独特的表现形式。历史能够获得和科学相同，或者等同于所谓的精确科学、自然科学的地位吗？如果不能，或以更为合适的方式来说，历史学科是否应该被定义为一种**认知方法**，或仍然是一种类似于手艺人那样的**手艺**（savoir-faire）？甚或因为书写和呈现是历史学家工作的中心而将历史首先置于叙事的类别当中？对历史学家职业的反思也导致历史学家与法官的比较（卡洛·金兹伯格），或历史学家与侦探的比较（阿希姆·绍柏 [Achim Saupe][1]），以便判定它们之间的相似与差异。

这些问题依据每个时代关于"科学"的定义与概念而演变。因此，马克·布洛赫为了将他的实践与前几代人的实践区分开来，写

---

① 德国波兹坦莱布尼茨当代史中心研究员。——译者注

道："我们不再觉得有这样的义务，即赋予所有知识对象以统一的、借自自然科学的认知模式，因为即使在自然科学中，这一模式也不再普遍适用了。"① 这场普遍的争论尤其凸显于关于历史规律的问题上。历史学科能否以发现社会发展的规律为目标，走向一种严格的决定论？历史学家确定的相同原因，能否像在自然科学中一样产生相同影响呢？

一、科学主义与历史

1. 历史的规律？

在 19 世纪，关于历史学科的辩论更广泛地属于科学思维，科学思维基于这一世纪巨大的技术与经济发展，不仅旨在产生知识，而且试图提供有关世界发展的、与宗教或哲学相竞争的一套解释，当然这些解释之间会有一系列细微差别。科学的方法因而可以解决与整个人类相关的问题，而不仅仅是技术事宜。社会的未来和预期的进步遵从着有规律的、可以客观表达的规则。对科学有能力奠定所有知识的信念，超越了精确科学的范畴。为了反对被认为过于接近文学的浪漫主义史学，很多作者采用了以实验科学的方法论原则为基础的模式，而这时的实验科学已经获得了显著的发展。这种科学主义以奥古斯特·孔德（Auguste Comte）的哲学实证主义为标志，

---

① Marc Bloch, *Apologie pour l'histoire ou métier d'historien*, Paris, Armand Colin, 1997. 参见黄艳红译，《历史学家的技艺》（第二版），北京：中国人民大学出版社，2011 年，第 39 页。

孔德寻求创建一种社会的实证科学，以便通过生成"严格不变的规律"来改进社会。

在历史学家中，伊波利特·泰纳（Hippolyte Taine，1828—1893）代表了这一时代的科学主义，当时科学家还可以是一名文人，历史只是其诸多兴趣中的一种。泰纳出身于小资产阶级，毕业于高等师范学校，受托克维尔的影响，捍卫一种实验的历史，这种历史应该寻找事实并加以分类，分析它们之间的联系，从而使历史成为一门科学。因此，他说道，他面对自己的研究"就像面对一只昆虫的变形"[1]。他打算依据支配人类的规律，实践一种解释整个现实的历史。这种科学主义也以菲斯泰尔·德·库朗日（Fustel de Coulanges，1830—1889）的著作为代表，库朗日在 1867 年提出了一种"纯科学"（pure science）。

被称为"方法学派"（méthodiques）的历史学家们，在 19 世纪最后几十年中奠定了历史学科的严谨基础，他们经常从实验科学中汲取灵感，但是他们并没有使历史学成为一门比肩"硬科学"（sciences dures）的科学。因此，对于夏尔·瑟诺博司（Charles Seignobos）来说，"历史不是一门科学，它只是一种认知的方法"（1901）。[2] 科学的概念可能与理解的概念相互矛盾，后者更适合描述关于人类现象的研究。这就是威廉·狄尔泰（Wilhelm Dilthey，1833—1911）的主

---

[1]　H. Taine, *Les Origines de la France contemporaine* 1875, cité par C. Delacroix, F. Dosse et P. Garcia, *Les courants op. cit.*, p. 139.

[2]　Cité par A. Prost, 《Seignobos revisité》, *Vingtième siècle*, *Revue d'histoire*, n° 43, juillet-septembre 1994, p. 100-118.

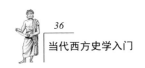

张。历史是精神科学，并且不属于实验科学。它处理各种独特的现象，研究各种应该自我理解并使人理解的人类行动，狄尔泰追随德罗伊森（J. G. Droysen，1808—1884），认为"我们解释自然，我们理解心理世界"（1894）。亨利－伊内·马鲁（Henri-Irénée Marrou，1904—1977）在 1954 年的一本书中重拾了这一概念，这本题为《论历史认识》（*De la connaissance historique*）的书标志着法国的史学反思进入了一个新的阶段。这位坚定的天主教徒强调，理解是人文科学所特有的，不属于科学规律的成就（"历史是一场精神的战斗"）。他对客观主义和涂尔干主义的批评（见第五章，第 65 页），在保守主义思想中获得了积极的反响。安托万·普罗斯特在其《历史学十二讲》（1996）的不同语境中，给出了意思相近的结论：科学确定普遍性，而历史探讨独特的事件，这些事件在具体的而不是实验的情况下发生。普罗斯特强调，这并没有抹杀历史学家认知模式的严谨特点。

2. 马克思，马克思主义，科学与历史

马克思主义也具有 19 世纪科学主义的特征，这不仅是因为它把社会的演进镶嵌进一种法则论（确定规律的）思想，也是因为它将科学与进步联系起来。马克思主义的影响，以及 20 世纪 30 年代和第二次世界大战后经济社会史的发展，赋予了很多历史著作一种科学主义的维度。历史分析无疑是卡尔·马克思（1818—1883）研究的中心，这位哲学家既定期撰写"现时"史（1848 年革命、1871 年巴黎公社等等），又与弗里德里希·恩格斯（Friedrich Engels，

1820—1895）一起阐发了历史唯物主义，这一历史理论囊括了人类发展的全部，出于实践和政治目的，它明显与黑格尔的辩证法区别开来，后者过多关注精神和"纯粹的思想"。在这里我们只能简要地介绍：这种历史的动力来自人本身，人非但没有被卷入事件的旋涡之中，反而被称为主体的行动。但是，人在生产关系和某个特定社会阶级中的状况决定了人的行动。因此，以劳动分工为标志的社会发展，受到生产关系和体现生产关系的生产方式的限制和推动。在这种"具体基础"之上建立的是一种"司法和政治的上层建筑"（国家、法律），它由生产关系中的客观生活条件决定。对于马克思来说，赋予政治或宗教决定性作用，这是历史学家共享的一种"幻想"。①

　　历史是由阶级斗争构成、由生产力和生产关系之间显现的矛盾所推动的辩证过程，这些矛盾掀起社会动乱。马克思区分了相继出现的几种生产方式：亚细亚的、古代的、封建的，然后是资本主义的，最后是作为历史终结而出现的共产主义的。大批马克思主义者，例如意大利的安东尼奥·葛兰西（Antonio Gramsci，1891—1937）和法国的路易·阿尔都塞（Louis Althusser，1918—1990），丰富了奠基者们的理论并使其更为灵活，他们还在马克思主义与历史学家对文化，特别是意识形态的分析之间建立了对话关系。历史唯物主义首先影响了像让·饶勒斯（Jean Jaurès）这样的左翼史家，第二次世界大战后，它因为与共产党光环之间的关联而产生了相当大

---

① 　K. Marx et F. Engels, *L'Idéologie allemande* [1845—1846], Paris, éditions sociales, 1982, p. 104-105.

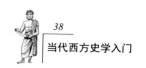

的吸引力。这种影响有着多种形式，从赋予社会经济决定论以历史中主要地位的简单渗透（亨利·塞 [Henri Sée，1864—1936] 既认识到马克思主义的优点，同时又谴责它的预设），到马克思主义分析的正统复述。年鉴学派的两位创始人马克·布洛赫和吕西安·费弗尔（1878—1956）曾强调马克思的贡献，但并没有在他们的思考中引入马克思的理论。乔治·杜比（Georges Duby，1919—1996）拒绝以唯物主义者自居，但他承认受惠于马克思和阿尔都塞的分析（"我亏欠马克思主义的实在太多了"），尤其借用了阶级和生产关系这些概念。① 在联邦德国，马克思主义与对马克斯·韦伯作品的接受一起推动了 20 世纪 60—70 年代社会史的发展。在英国，从 20 世纪 50 年代开始，受马克思主义影响的杰出历史学家（E. P. 汤普森 [1924—1993]、E. H. 霍布斯鲍姆、R. 希尔顿 [1916—2002]）在这门学科的发展中发挥了重要的推动作用，1952 年创办的《过去与现在》杂志就是证明。汤普森关于工人阶级的著作，超越了经典的马克思主义史学，强调由生产关系塑造的行动者的"经验"以及文化的重要性，在 20 世纪 60 年代，马克思主义尤其影响了拉斐尔·塞缪尔（Raphael Samuel，1934—1996）之后的历史工作坊运动以及同名杂志（*History Workshop*），这本杂志的副标题为"社会主义史家的杂志"，旨在开放历史学实践并为人民的历史注入活力。

总的来说，马克思主义促进了关于大众和统治群体、关于体制转变（例如向封建主义过渡）的研究和反思，也推动了对不同社会

---

① Cf. G. Duby, *L'histoire continue*, Paris, Odile Jacob, 1991, p. 102 et suiv.

形态（资本主义、封建主义等等）之整体连贯性的探询。中世纪史研究者阿兰·格罗（Alain Guerreau）仍然认为，马克思对资本主义的分析提供了"有关社会结构之解构／重构及其内在动力的难以超越的模式"[1]。历史唯物主义也在东方和正统共产主义史家当中成为官方科学。但因国家以及所研究的时期不同，运用情况实际上在不断变化。

二、职业的诞生

在马克思去世之后，各国历史学家们以各自的方式和时间表组建起他们真正的学科知识（英国牛津的威廉·斯塔布斯 [William Stubbs，1825—1901] 和美国约翰斯·霍普金斯大学的赫伯特·巴克斯特·亚当斯 [Herbert Baxter Adams，1850—1901] 是引路人）。他们通过与业余主义和"绅士－业余爱好者"[2]决裂来实现职业化，尽管人们在这之前已经发现了此种意义上的雏形，如在 18 世纪下半叶的哥廷根大学。他们通过自身的机构创建起一个职业社群，使得他们从此之后自我定位为学者，而不再是关于过去的艺术家、作家或哲学家。这一断裂时刻根据各国的不同传统而有所不同，它对把历史学建设成一门严谨学科至关重要，正如我们今天所理解的那样。

---

[1]　A. Guerreau, *L'Avenir d'un passé incertain. Quelle histoire du Moyen Âge au xxie siècle ?*, Paris, Le Seuil, 2001, p. 55.

[2]　P. Novick, *That Noble Dream. The "Objectivity Question" and the American Historical Profession*, Cambridge, Cambridge University Press, 1988.

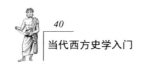

　　"实证主义"（positiviste）这一限定词常常与那个时代的历史学家联系在一起，它在今天则往往被赋予贬义，用来表示一位作者或一项研究过于专注于事实的描述和狭隘意义上的事件。它援引了 19 世纪末"方法学派"史家假定的历史观念，对这一观念最出色的阐释是前文提到的朗格诺瓦和瑟诺博司的手册，以及以加布里埃尔·莫诺（Gabriel Monod）为核心、于 1876 年领衔创办的《历史评论》（Revue historique）。合格的历史学家宁愿以"方法论的"形容词自称，因为它捍卫了一种重建历史真实的严谨方法——历史应该是一门"客观的科学"，其基础在于对史料的内外考订：说实话，这种考订仍然是史家工作的基础，尽管它本身已被丰富并且仍是开放的。近来的研究，特别是奥利维尔·杜莫林（Olivier Dumoulin）、热拉尔·努瓦里耶（Gérard Noiriel）和安托万·普罗斯特的著作，对这些历史学家漫画式的形象做了一些修正，他们比后辈学者（尤其是年鉴学派）描述的更加开放，也不像后人所认为的那样僵化。

　　直到 19 世纪 80 年代，历史学尚未真正自主。它通常是文学工作或哲学工作的一部分，例如，英国的托马斯·卡莱尔（Thomas Carlyle，1795—1881）和亨利·巴克尔（Henry Buckle，1821—1862）的作品。儒勒·米什莱（Jules Michelet，1798—1874）曾一度在高等师范学院主持"历史与哲学"会议。历史的从业人员很多都是业余爱好者，没有大学教职的博学之士，或者"完人"（hommes complets），也就是既能讨论文学也能讨论古代史或现代史，既能研究意大利又能研究北欧的全能才子。他们当中很多人的年金或财产使得他们能够安心开展研究，从而延续了"与旧制度类似的免费学识的传统"①。1857 年，一位"贵族业余爱好者"，莱昂·德·拉波尔德侯爵（Léon de Laborde，1807—1869）被任命为档案馆的负责人：尽管如此，他在档案馆的革新，尤其是档案清册的发行方面，发挥了关键的作用。②伊曼纽尔·德·鲁日子爵（Emmanuel de Rougé，1811—1872）本是一位知名的埃及学家。19 世纪早期的大学没有真正的学者，但特别吸引那些并不专业、"悠闲且年长"的大众（1879 年报告），他们前往大学往往是为了欣赏基佐（1787—1874）或米什莱等大人物的修辞和政治表演。

高中历史教员当时拥有文学学士学位，甚至只有中学毕业文凭。欧内斯特·拉维斯在 1882 年指出："历史教师中间几乎没有历史学家。"③

1. 一场职业化革命

在德国和随后的法国，变革的实现首先在于大学历史学科的制度化，这是通过真正的教学和学位组织实现的。课程被逐步转变为研讨班，一些研讨班仅面向注册的听众。历史变得越来越专业化。奥利维尔·杜莫林论证了中世纪史家的身份，尤其是中世纪研究专

---

① C. Charle, « Noblesse et élites en France au début du xxe siècle », *Les Noblesses européennes au xixe siècle*, Milan/Rome, Université de Milan/école française de Rome, 1988, p. 410.

② F. Hildesheimer, in C. Amalvi (dir.), *Les Lieux de l'histoire*, Paris, Armand Colin, 2005, p. 90-91.

③ Cité par J. Leduc, in C. Amalvi (dir.), *Les Lieux, op. cit.*, p. 310.

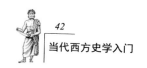

家，如何在 19 世纪末出现并于 1914 年稳定下来。[①] 更重要的是，随着 1886 年高等教育文凭的设立（硕士学位 M1 的前身），专业的大学课程（cursus）出现了。在欧内斯特·拉维斯的推动下，教师资格考试进行了改革。所有应试者都应该是其中一种文凭的持有者。这样的安排是为了使其成为研究的一种入门工具（1894），并因此成为连接高中教育与大学教育的一座桥梁。与此同时，论文成为更为可靠的成果。最后，在 1907 年，这一文凭与文学文凭区分开，从而实现了专业化。因此，历史成了有规则的、自主的学科。

　　除了大学制度之外，职业组织也强化了历史学家的身份，特别是 1901 年的现代与当代史协会，该协会希望"在主要从事科学研究的工作者中"吸纳会员。在美国，美国历史学会（AHA）（在 H. B. 亚当斯的推动下）于 1884 年成立，并且越来越被职业人士所掌控。学术杂志也在这一时期诞生，它们以德国的《历史杂志》（*Historische Zeitschrift*，1859）为模板，包括加布里埃尔·莫诺和古斯塔夫·法尼兹（Gustave Fagniez）的《历史评论》（*Revue historique*，1876），以及《英国历史评论》（*English Historical Review*，1886）。学术导向的书评得到发展，这方面尤以《历史与文学批判杂志》（*Revue critique d'histoire et de littérature*）为中心，该杂志由文学家兼中世纪专家加斯东·帕里斯（Gaston Paris）和另一位中世纪研究者保罗·梅耶（Paul Meyer）在 1866 年创办。书评业也涉及如何区分"历史科学的不同专业"，如何为批判工作设定标准，以及如何为史学确

---

① 《La tribu des médiévistes》, *Genèses*, 21, 1995, p. 120-133.

立恰当的资质。①

　　因此，在这三十年里出现了一场真正的职业化革命，它意在"禁止不久之前涌现的无资格者和玩票者入内"②。要做到这一点，它还须依托一套严格定义的方法论。

2. "方法学派"（La《méthode》）

　　对"职业化革命"中的历史学家来说，核心的观念在于提出一套使其研究成为一种严格和可分享的过程的方法论。在《历史评论》创刊号上，加布里埃尔·莫诺提出了作为职业根基的"方法的严谨性"（rigueur de méthode）。他本人也在法兰西公学担任"普遍历史与历史方法"讲席教授。朗格诺瓦和瑟诺博司说，历史应该使用方法来建立事实，因此他们编写了上文提到的第一本重要的方法论手册。这种方法不仅适用于研究步骤，而且也适用于结果的重建："这种历史观念与历史方法的革命必须伴随一场历史风格的革命"（瑟诺博司在 1906 年写道）③，即一种没有文学效果的谨慎语言。

　　这种遵循科学方法的研究方式的发展，遍布所有拥有悠久大学传统的国家，它们的发展遵循着多样的路径。从这一点来看，德国经常作为一个典范，尤其是学生跟随老师研究的研讨班做法，

　　①　B. Müller, « Critique bibliographique et construction disciplinaire : l'invention d'un savoir-faire », *Genèses*, 14, 1994, p. 105-123.

　　②　Langlois et Seignobos cités in C. Delacroix, F. Dosse et P. Garcia, *Les courants, op. cit.*, p. 134.

　　③　Cité par A. Prost in « Seignobos revisité », art. *cit.*, p. 113.

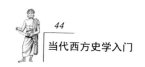

1870 年的胜利①进一步巩固了它的地位。法国历史学家经常在德国的研讨班上驻留。加布里埃尔·莫诺去过柏林和哥廷根，之后马克·布洛赫在1908 年前往莱比锡，他在那里见识到一种雄心勃勃的区域史，以及汇聚了历史学家、地理学家和心理学家的跨学科研讨班。②

在这里，利奥波德·冯·兰克（Leopold von Ranke，1795—1886）的形象是创始者，但经常过于简化。这位普鲁士的官方史家排斥黑格尔思辨哲学的方法，却并没有与唯心主义哲学完全分离，对于一种关注档案整理和事实的历史来说，人们可以从过去的原始文献出发重建这样的事实，"如同它真实发生的那样"（*wie es eigentlich gewesen*，如其所是）。尽管兰克认识到历史书写的文学维度，历史既是艺术（*Kunst*，art）又是科学（*Wissenschaft*，science），既是文学的（*literarisch*，littéraire）又是学术的（*gelehrt*，savante），兰克也认识到讲故事的重要性，但是他还是力求使历史这门学科与文学保持距离。③兰克的影响力通过多样的挪用而远远超越德国边界，甚至远至日本。④在 19 世纪解放与同化的背景下，

① 指1870 年普法战争中普鲁士的胜利，次年德意志帝国宣告成立。——译者注

② P. Toubert, « Préface », in M. Bloch, *Les caractères originaux de l'histoire rurale Française* Paris, Armand Colin, 1988 [1931], notamment p. 8-9.

③ Voir G. G. Iggers et J. M. Powell (dir.), *Leopold von Ranke and the Shaping of the Historical Discipline*, Syracuse, Syracuse University Press, 1990, et notamment la contribution de R. Vierhaus.

④ G. G. Iggers et Q. E. Wang, *A Global History of Modern Historiography*, Harlow, Pearson/Longman, 2008, p. 141 et suiv.

一种"犹太教科学"（science du judaïsme，根据它的德国起源被称为 *Wissenschaft des Judentums*）也确立起来，这种"新精神"旨在使用批判的方法，并且赋予犹太历史一个新的位置。叶鲁沙尔米（Yerushalmi[①]，1932—2009）指出，犹太人的记忆迄今为止很少利用史学。[②]

批判性方法首先在于保持一种距离，在追求真理时应提防主观性的"本能"。朗格诺瓦和瑟诺博司解释道，批判并非人类的天性，需要学习各种原则并将它们应用于历史学家的研究（这"尤其是批判性的工作"）。历史学家从材料出发（见第二章），首先对材料运用一种外证法，即对物质和形式（出处、书写、验证模式等等）进行分析，在这之后是对内容的分析，也就是内证法，"在材料中辨别出可能被认为是真的部分"。[③] 最后进行的是综合工作。这种严谨性并非数学的，这两位史家声明历史学家也需要想象力。瑟诺博司和朗格诺瓦坚持要将历史与自然科学区分开来，他们批判像菲斯泰尔·德·库朗日那样过分地想要将历史比附于自然科学的人。这两位史家微妙地将历史定义为一种"在普遍性科学和偶发事件叙述之间悬而未决的"混合。

因此，19 世纪末的"职业化革命"和方法学派使历史学家的工

[①]　指 Yosef Hayim Yerushalmi，哥伦比亚大学犹太史教授。——译者注

[②]　Y. Yerushalmi, *Zakhor, histoire juive et mémoire juive*, Paris, La Découverte, 1984 [1982], J. Carlebach (dir.), *Wissenschaft des Judentums*, Darmstadt, wbg, 1992.

[③]　C.-V. Langlois et C. Seignobos, *Introduction aux études historiques*, Paris, Hachette, 1898, p. 117-118.

作远离了哲学、文学、基督教的天命论（providentialisme），以及唯理主义进步论。然而，它与其珍视的客观相去甚远。

3. 一门中立的科学？"民族传奇"（《roman national》）的建构

在法国，大学历史学家与第三共和国领导人之间的关系摆脱了机构问题和名流网络，以便彰显民主的（或至少是国家的）理性进步与对实证科学的力量、对历史方法的信念之间的亲缘关系，而这种历史方法将有助于改进公众意识（历史学家阿尔弗雷德·伦保 [Alfred Rambaud，1842—1905] 在成为部长之前就是茹费理 [Jules Ferry][①] 的办公室主任，归附共和国的欧内斯特·拉维斯与他过从甚密）。共和国的历史和职业化的历史也在对抗重新出现的强大的天主教学术研究，1866 年创办的《历史问题杂志》（*Revue des questions historiques*）就是其代表。在更加广泛的欧洲范围内，语文学和历史被视为建立身份认同并支持制度建设的"未来的技术"[②]。因此，在《历史评论》创刊号中，加布里埃尔·莫诺写道，面对最近的事件（尤其是德国吞并阿尔萨斯和洛林），历史学家有责任"通过对民族历史的深入了解，唤醒民族（nation）灵魂中的良知"。历史"以一种神秘且确定的方式追求祖国的荣耀，同时追求人类的进步"。然而，在整篇文章中，莫诺不停地呼吁真理、科

---

① 茹费理（1832—1893），法国共和派政治家，曾两次出任法国总理，任内推动政教分离、殖民扩张、教育世俗化。——译者注

② V. Groebner, *op. cit.*, p. 90.

学和不偏不倚。因此，在当时很多历史学家那里，投身爱国主义与研究历史比肩而行：拉维斯称"历史认知点燃了对祖国的爱"[①]。共和国建立的时代强化了人们称为"民族叙事"或"民族传奇"的在 20 世纪 90 年代流传开来的更好的表达。法兰西历史的书写，尤其是在学校教科书和通俗著作中，长期并且经常有这样一种观念，那就是法国自古代以来经历了一段自然且持续的历史，她从最遥远的时代开始形成了一个整体和实体。历史学家因而有责任去强调永恒的特征——其实它们也有所变化，论证一块块领土如何自然而然地聚合起来。在这一巨幅画卷中，叙述更看重那些被认为是奠定法国根基的名人和事件。第三共和国的学校、教育和思想政策，很大程度上传播了这一说法，正如欧内斯特·拉维斯的文本所证明的，"如果小学生没有获得对我们国家荣耀的活的记忆……如果他没有成为一位尽职尽责的公民、一位热爱国旗的战士，那么小学老师就是在浪费时间"（1887/1911）[②]。这一宏大的民族叙事并非毫无变化，它显然具有一个政治维度：它有助于加强归属感，也有助于将第三共和国作为一种部分而言具有连贯性的宏大历史的终点。爱国主义成为学校体系的中心。第一次世界大战及其造成的损失部分地改变了学校教学与历史的关系。根据热拉尔·努瓦里耶的说法，"通过证明历史的用途在于它对建构'民族记忆'的贡献"，（方法

[①] Cité par O. Dumoulin, *Le Rôle social de l'historien. De la chaire au prétoire*, Paris, Albin Michel, 2003, p. 180.

[②] Cité par J. Leduc, in C. Amalvi (dir.), *Les Lieux, op. cit.*, p. 304.

学派的历史学家们）直接或间接地促成并支持了民族主义的意识形态，后者与其标榜的客观性理想相矛盾，这"即将使世界陷入野蛮当中"。①

---

① G. Noiriel, *Sur la « crise » de l'histoire*, Paris, Gallimard, 2005 [1996], p. 391.

第四章

历史、书写、叙事

从古希腊 – 罗马时期开始，对过去的书写就引发了对文风和修辞的讨论。只要历史本身没有与文学或哲学独立开来，它的呈现很大程度上便属于"文学"（belles lettres）的范畴；而且，很多作家都说过，受关注的过去首先是一种阐述和叙事。如上一章所提到的，随着一种志在成为科学的历史的发展，历史学家从严格重建过去及研究档案的视角出发思考书写和叙事问题。因此，相较于研究和分析，书写和叙事问题常常是次要的、附属的问题。在 20 世纪下半叶，计量史和系列史的煊赫延续了这种附属性。

但是，在四十年左右的时间里，对"科学的"历史的批评，对计量方法和结构史的质疑，已经更新了人们对于书写在历史学科中的作用的思考。在 1979 年《过去与现在》的一篇著名文章中，历史学家劳伦斯·斯通（Lawrence Stone）指出历史学家中"叙事的回归"（retour au récit），特别是鉴于决定论模式、统计和量化调查方法已经显示出多种局限。从 20 世纪 60 年代开始，几次社会科学和哲学的潮流也进一步质疑了社会科学尤其是历史学家的书写。汉斯 – 格奥

尔格·伽达默尔（Hans-Georg Gadamer，1900—2002）的诠释学即是一例。伽达默尔强调了语言、对文本的连续性阅读在理解过去中的地位。[1] 而罗兰·巴特（Roland Barthes，1915—1980）的文学结构主义颠覆了话语和叙事中所蕴含的权力效应，以及语言作为与现实的中介的作用。

这些不同的进展已经和其他进展汇合到一起，从而强化了一种双重质询：第一重是与各种宏大叙事保持距离，这些宏大叙事是由自信能够展现国家和社会的历史的历史学家创造出来的；另一重更为激进，乃是质疑从材料遗迹出发来充分获取真相的能力。但是，对于历史学家来说，书写和呈现的问题，首先是一项职业的实践。它分为两个基本问题——作为文风（style）的书写和作为叙事的书写。

一、历史与书写

1. 文风的问题，米什莱的例子

从古希腊开始，有关过去的书写已经与修辞部分地联系在一起。写作艺术创造了历史。西塞罗呼吁以一种认真细致的风格装饰历史叙述。中世纪的作家有吸引高贵读者（并不总是有学问的人）的需要，他们知道怎样运用一种生动的文笔。到文艺复兴时期，古典风格的典雅拉丁文成为历史作品的特征。

浪漫主义史家喜爱史诗叙事、优美生动以及地方色彩。情感和

---

① H.-G. Gadamer, *Vérité et méthode*, Paris, Le Seuil, 1996 [1960].

直觉在这类历史学家的写作中占据显赫地位。儒勒·米什莱（Jules Michelet）经常被认为是他们的典范，对他来说，文笔、叙事力量、文字带来的历史气息是作品的成功要素。米什莱出身"人民"（父亲是一名破产的印刷商），曾获得文科教师职衔，在 1830 年被任命为档案馆历史部的负责人之前，他同时担任多门课程的教学任务，尤其是在高师。他怀有自由精神，欢呼七月王朝的到来（1830）。1838年，他入选法兰西公学院以及法兰西学会[1]，同时继续他的档案工作。[2] 随着路易 – 拿破仑·波拿巴上台及随后第二帝国的成立，米什莱丧失了这些职务。他有两部巨著：《法国革命史》（1847—1853）和宏大的《法国史》（1869 年完成）。后者既在宣扬一种民族神话，也贯穿着让"人民"发声的意愿。在漫长的职业生涯当中，米什莱的观点和实践可能有所变化，但是，他一直是一种历史书写的典范，在这种历史书写中，历史学家及其文笔乃是工作的中心："（1789年）8 月 4 日晚上 8 点，这是一个庄严的时刻，封建制在千年统治之后，被迫退场，它被公开弃绝、咒骂。封建制奄奄一息。人民在诉说（……）深夜来临，已经 2 点了。这一夜终结了中世纪千年中无边无际的痛苦梦魇，即将到来的黎明将是自由的黎明。这一不可思议的夜晚之后，各种阶级之上是法国人，各个省份之上是统一的法兰西。法国万岁！"

为了揭开历史之谜，历史学家的参与至关重要。在其生命的尽

---

① 法兰西公学院（Le Collège de France）成立于 1530 年，法兰西学会（L'Institut de France）创建于 1795 年。——译者注

② 见 *L'Histoire*, 363, 2011。

头，米什莱沉浸在一种唯灵主义的活力论当中，试图凸显社会的至高和谐，并实现"完整生命的复活"。他在《法国史》（1869）的序言中写道：对法国而言，"尚未有人以构成她的自然与地理因素的有机整体视角来了解她。我是第一个将其看作一个灵魂或人物的人"。

米什莱已经遭到很多批评，甚至到现在还让人感到恼火，因为他的文学倾向，因为他过多地"描写"（écrire）历史，把历史作为戏剧来展现，因而损害了历史的科学维度，但是他也吸引了年鉴学派的历史学家们——马克·布洛赫（"我们伟大的米什莱"）、吕西安·费弗尔，以及之后的勒高夫，他们尤其认可米什莱复活一个时代的"心态"（les « mentalités »）的才能。历史书写的文学层面还使其与哲学保持了距离，能够利用再现这张王牌来吸引读者。作家弗朗索瓦斯·萨冈（Françoise Sagan）在进行戒毒治疗时曾写道："我读了米什莱的《法国革命史》。它虽片面，但很迷人。有些时刻几乎让你流泪。"[①]

此外，一些浪漫主义史家试图调和博学、材料和写作。米什莱自己就大量使用档案，他在机构中的职务提供了便利。当然，他更多是通过偷猎而非系统分析的方式来使用档案，不过，他的著作布满了原始史料的注释，间或与档案之间有种神秘的关系。奥古斯丁·梯叶里（Augustin Thierry，1795—1856）也想要将博学知识与历史小说的吸引力结合起来。19世纪的很多史家对他们童年时期或之

---

①   F. Sagan, *Toxique*, Paris, Julliard, 1964, 无页码。

后的历史小说（特别是沃尔特·司各特 [Walter Scott] 及其《艾凡赫》）
[*Ivanhoé*]）印象深刻，并且狂热崇拜。除了米什莱和梯叶里，兰克
也明确提到这一点。

　　当"方法学派的"历史学家界定职业的基础和科学严谨性时，
他们与历史书写的文学维度拉开了距离。他们反对米什莱的浪漫主
义史学，也反对四处传播的通俗化趋向，摒弃"对影响力的关注，
那肯定不是一个科学问题"，摒弃充斥于历史著作中的"文学微生
物"（朗格诺瓦）。[1]到头来他们也遭受指责，批评者认为他们为了
科学崇拜而丢弃了审美特质和敏感性。然而，"方法学派的"历史学
家远没有忽视阐述的重要性，也没有忽视叙事的史诗特点。时至今
日，人们普遍认为，历史书写首先应该是清楚明了的（"坚实而精
确的"[2]），没有过多的文笔效果，就像人们在方法论手册中读到的
一样。

2. 书写的偏好

　　然而，一些历史学家认为，在阐述的清晰和言辞的准确之外，
还需要将写作视为一种工具，甚至要发挥历史文本的文学维度。但
是，书写的问题与这个行业本身的核心要素无法分离。书写，写漂
亮，但是为了何种历史？为了获取何种认识或理解？历史学科中的
文学问题始终存在一个认识论维度。[3]文本本身当然可以带来愉悦，

---

① 参见 F. Hartog, *Le xixe siècle, op. cit.*, p. 158-159。

② C.-V. Langlois et C. Seignobos, *Introduction aux études historiques, op. cit.*, p. 230.

③ A. Prost, *Douze leçons sur l'histoire, op. cit.*

但还应通过文字来接近真相和生活，使读者对主题有特别的理解。马鲁（Henri-Irénée Marrou）甚至指出"历史学家必须是优秀的作家"。为了理解微妙的真相，写作的艺术必不可少，马鲁写道："所有伟大的历史学家同时也是语言艺术的大师。"这样的论断或许过于笼统。

乔治·杜比特别注意他的写作，尤其是对于某些著作。关于12世纪妇女的系列著作①即是一例，他对这些女性的刻画非常细致，并没有运用考证手法。这位史家强调，他希望为知识的传播增添"文字的乐趣"，但仍保留"职业的规范"。此外，杜比也关心"去书写"（désécrire），也就是指事后衡量书写是否能够精确地还原为史料。②哲学家保罗·利科（Paul Ricoeur，1913—2005）也指出，为了取悦、说服和建构，历史学家运用了才智和浪漫主义的幻想，不过这种"幻想"仍然受到现实制约的"控制"。③帕特里克·布琼选择在一套知名的丛书中出版有关列奥纳多·达·芬奇和尼古拉·马基雅维利（1502/1504 在伊诺拉、乌尔比诺和佛罗伦萨）④相遇的故事，但这套丛书首先是为了收录真正的文学著作。两人都没有记录他们的相遇，我们只能通过只言片语和蛛丝马迹来了解它。故事的呈现（"在公爵寓所内，登上楼梯，穿过闸门、挡板、套间以及精心设计建造

---

① 3 vol., Gallimard, 1995/96.

② P. Boucheron, *Faire profession, op. cit.*, p. 146.

③ *Temps et récit*, Paris, Le Seuil, 3 tomes, 1983-1985, J. Leduc, *Les historiens et le temps*, Paris, Le Seuil, 1999, p. 193.

④ *Léonard et Machiavel*, Lagrasse, Verdier, 2008.

的迷宫……"），在缺少痕迹的情况下重建氛围，各种可能性和情节交织的能力（"他们在一起工作吗？为什么不互相称呼？在这里……我们只能阅读那些从虚拟的唇间飞逝的字词"），这些构成了这位历史学家的工作，他接受缺少脚注的著作的模棱两可，却无法放弃在书末附加参考文献。

社会学家皮埃尔·布尔迪厄（Pierre Bourdieu，1930—2002）嘲笑历史学家中对文笔的偏好是一种"漂亮形式"，它损害了思想观念，并与常识割裂。[①]但是，有关写作、文本之文学特点以及风格的问题，是与关于叙事的质询纠缠在一起的。

二、作为叙事的历史

1. 作为历史学家建构的历史叙事

为了将文献中堆集的全部成分、历史叙述中的各个维度、一个时代的各种观点，以及各自的意图整合起来，历史学家建立了一种"情节"（保罗·维纳 [Paul Veyne]）。他需要叙事。也就是说，他选择了一种编排、一种呈现，进行了一些剪裁切分，看起来它们是时间性的，但必须给每个角色安排位置。事实上，所发生的事情本身从来不具有历史学家所需要的叙事形式（利科）。

最近三十年来，叙事问题已经成为引发大量反思的主题，诸如哲学家保罗·利科、雅克·朗西埃（Jacques Rancière）或保罗·维

---

① P. Bourdieu et R. Chartier, *Le Sociologue et l'historien*, Marseille, Agone, 2010, p. 103-104.

纳这样的历史学家，都对其进行过思考。这些探讨的共同点在于将叙事和呈现置于历史学科的中心。利科以哲学家的身份思考叙事，后者所编织的各种话语和描述有时还与史学讨论有关联。他将历史书写的过程定义为"异质的整合"（synthèse de l'hétérogène），在这个过程中，解释被吸纳在情节中。根据利科或维纳的观点，叙事问题、呈现的选择问题、不同陈述层次的衔接问题，不仅仅存在于事件史或政治史当中，也存在于处理幅度变化的多元挑战中，如人民阵线的经济史，或布罗代尔笔下扮演"主角"的地中海的命运。既然历史学家知道他想要说或写的东西，叙事就是以它拟定的连接步骤进行解释，"陈述就是解释，更好地陈述就是更多地解释"[1]，它将原因和描述、深层的趋势和细枝末节整合在同一运动中。正是情节，"可理解的情节"（维纳），赋予叙事以意义，并且突出了历史学家认为重要的东西或首要层次。

这样一种重构过去的过程，是从必然无法说明一切的痕迹、从片面的资料出发的，它附带着时而晦暗、表意也很模糊的字句和描述，这就赋予历史学家的想象力以重要地位。他必须堵住缺口，找到妥帖的衔接方式，建立本来并不存在的关系。因此，为了开展"追溯"（rétrodiction，维纳），研究者熟悉其研究的时代就显得非常重要。在阅读了有关一个时代的上千份文献之后，即使史料是不完整的、解释是冒险的，人们也能更好地理解什么是可能的，什么是不可能的，什么符合那个时代的习俗。

---

① A. Prost, *Douze leçons, op. cit.,* p. 256.

言词的选择并非没有影响。如何用当今的话来讲述过去？在叙事中如何使用所研究时代的言辞？应该致力于复原叙述，冒着使研究者的同时代人难以理解的风险，还是用当下的术语（例如"私人生活"）来重建过去，承担造成虚假熟悉的风险？在这里，如何平衡取决于主题和所要处理的问题。还应该考虑到有识之士赋予书写的权威，调整作者、过去与当下的读者之间的距离。

鉴于这些问题，一些历史学家想要尝试新的叙事形式，例如在没有历史学家介入的情况下，让特定时代的不同文本相互连接：多米尼克·卡利法（Dominique Kalifa）[1]和菲利普·阿提耶斯（Philippe Artières）[2]在讲述20世纪初的一个刺客亨利·维尔达（Henri Vidal）的故事时（《维达尔，一名刺杀妇女的杀手》，2001），就尝试过这样的选择。[3]这两位史家交替使用了司法史料、证词、当时新闻报道的摘录……

2. 历史、文本、真实

在《如何书写历史》（1971）中，保罗·维纳强调，历史是叙述、一种"真实的小说"，而在《希腊人相信他们的神话吗？》（1983）中，他提出历史学家的想象力虚构了他们范畴下的真实性，因而也

---

[1]　多米尼克·卡利法（1957—2020），法国历史学家，主要研究19世纪和20世纪法国与欧洲的犯罪、社会管控和群众文化史。——译者注

[2]　菲利普·阿提耶斯（1969—　），法国历史学家，1995—2014年间任米歇尔·福柯中心主任。——译者注

[3]　*Vidal, le tueur de femmes. Une biographie sociale*, Paris, Perrin, 2001.

是一种非常语境化的真实性——"真实性是我们赋予我们的选择的称谓"①：这些见解进一步突出了他分析中的相对主义，只有在一种"程序"的内部才是"真的"。此种思考处于我们称之为"语言学转向"（*linguistic turn*，有时也称为修辞转向）的潮流当中，该潮流的奠基性事件之一就是1980年在美国康奈尔大学举办的讨论会。尽管这一转向的支持者们并非铁板一块，但他们都认为在文献中发现的语言乃是了解过去真相的唯一途径。② 历史首先在于研究留下的话语以及话语表象。除此之外，一切都是不真切的。这种见解与法国解构主义哲学家（雅克·德里达 [Jacques Derrida]、让－弗朗索瓦·利奥塔 [Jean-François Lyotard]）遥相呼应，它导致了与传统社会史的断裂。这一视角属于所谓的后现代运动，猛烈地批判西方实证主义传统（海登·怀特谓之"所谓的'历史方法'"③ ）。

历史学家的话语本身就是叙述过程中思考的中心。语言学转向因而质疑了历史学家表述其真实机制的方式。因此，有些人将历史看作一种必须通过文本批判加以理解的文学类别。对于海登·怀特等语言学转向的激进支持者来说，历史著作与虚构小说没有实质区别。历史深刻的修辞性质意味着要剖析历史学家的话语，他们的写作与陈述过程并不依赖于过去的真实。历史既不能企求一个高于虚

---

① Rééd. Le Seuil, coll. « Point », 1992, p. 32, 137.

② 见 C. Delacroix, « Linguistic turn », in C. Delacroix, F. Dosse, P. Garcia et N. Offenstadt (dir.), *Historiographies, op. cit.*, p. 476-490.

③ C. Delacroix, F. Dosse, P. Garcia et N. Offenstadt (dir.), *Historiographies, op. cit.*, vol. I, p. 842.

构的真实机制，也不能认为自身存在独特的认知效果。

除了语言和叙事，这些争论和立场（属于更广泛的史学运动的一部分[①]）还直接对历史学真实性的观念形成挑战。在这一语境中，从 20 世纪 70 年代末开始，一些理论家否定二战期间的毒气室和犹太人大屠杀（否定主义），这使人注意到，对于历史真实性的质疑造成的附带后果超出了认识论辩论的范畴。如果我们假定认知效果是相对的，如何能有效地对抗否定主义者的胡言乱语？对此海登·怀特给出了他的回答：真实既没有被否认，也是不可否认的，我们可以依据不同叙事与事实的关系来对这些叙事进行分级。不过它们仍是文本和相互竞争的情节设置。然而，正如罗杰·夏蒂埃（Roger Chartier）所强调的，怀特的总体主张与对事实更为传统的捍卫之间的调解依然困难。

事实上，一些史家试图回应和评论语言学转向的立场，其中夏蒂埃格外突出。后者详细讨论了怀特的分析。[②]他强调，历史叙事与真实之间存在着一种特定关系，而认知乃是历史学科的一个根本目标。尤其重要的是，在陈述事实的文本之外确实存在着某种事实。经验无法被还原成话语。历史学家的工作依赖于载有真实的各种痕迹和档案，不能因为事实和过去只能通过文本来认识，就将两者等同起来。话语还依赖于行动者的社会属性。对于夏蒂埃来说，怀特过分忽视了历史作为一门学科所特有的操作。历史学家不是在虚构

---

① 见 C. Delacroix, « Linguistic turn », *ibid.*, vol. I。

② R. Chartier, *Au bord de la falaise. L'histoire entre certitudes et inquiétude*, Paris, Albin Michel, 1998.

的自由中，而是在多重限制下开展研究：过去留下的痕迹，历史学科的技术，以及以恰当的方式再现过去的必要性。应该评估文本和材料与真实性的关系，并保持史家工作的求真意图。[1]夏蒂埃和卡洛·金兹伯格一样强调，否定主义凸显了一种能够产生真实，或者至少揭示虚假的历史的重要性。皮埃尔·布尔迪厄与其他人一起反对语言学转向："诠释学哲学的陈词滥调"，或是有关利科叙事的话语，这些依然是"反科学的"和"晦涩的"。[2]在关于国际和比较史学的手册（2008）的导论中，格奥尔格·伊格尔斯和王晴佳（两位美国教授）不断提醒，对他们来说，历史完全能够使这些主张无效，不能将历史与文学完全混淆。因此，他们回应了隶属于后现代主义的语言学转向在北美的强大存在。

时至今日这些争论的影响如何？毫无疑问，正如努瓦里耶（G. Noiriel）评论的那样，历史学家在自己的研究中并不一定会关心科学还是叙事的争论，这个争论在实践中也不总是具有很强的影响力。尽管如此，结果并非毫不重要。"叙事的回归"促使人们进一步质疑那种纯叙事的、对自身缺乏反思性的"实证主义"的历史。[3]总体来说，围绕语言学转向的争论增强了历史学科的反思性。此外，尽管多少有点不情愿，历史学家们还是应该承认，他们的作品、他们的

---

[1]　G. Noiriel, « L'histoire culturelle aujourd'hui. Entretien avec Roger Chartier », *Genèses*, 15, 1994, p. 128.

[2]　« Sur les rapports entre la sociologie et l'histoire en Allemagne et en France. Entretien avec Lutz Raphael », *Actes de la recherche en sciences sociales*, 106-107, 1995, p. 114.

[3]　同样意义的微妙总结另见 G. G. Iggers, *Historiography in the Twentieth Century*, Middletown, Wesleyan University Press, 2005, p. 150。

话语不再是一种学术权威的单纯展现，也可以进行文本分析；他们的作品和话语可以成为严格意义上的"文学"探讨的对象，可以揭示其中的修辞手法和叙事策略。

第五章

社会科学之中的历史

　　我们已经看到，作为一门学科，历史是在与精确科学的较量中、与文学和哲学的疏离中确立起来的，这个过程并非没有龃龉。随着 20 世纪人文社会科学（社会学、人类学和政治科学等等）的发展，历史学科必须有别于——或置身于——这些领域兴起的、经常十分强劲的潮流。每一次相遇都留下了痕迹，有时甚至影响到学科认同，更新了历史学家的共识。

　　在当今历史学家的公开话语中，跨学科，即学科间的共同研究和彼此工具的互相使用，已经被普遍认为是不言而喻的。跨学科经常被援引为一个明显的目标，然而在实践中却遭遇了巨大的阻碍。这一方面与投身另一门学科的代价有关，另一方面在于最为学院派的历史学家在面对通常很尖锐的分析时感受到的风险，这些分析解构了历史学认为理所当然的证据和范畴。皮埃尔·布尔迪厄说道："在使用这些范畴时，历史学家……通常是极为天真的。"①

---

① P. Bourdieu et R. Chartier, *Le Sociologue et l'historien, op. cit.*, p. 29.

　　在这一章中，我们将看到这些挑战是如何在最近一个世纪形成的，历史学如何在与其他人文社会科学的对照中自我定位。这些讨论一上来就引发了有关区别的反思：在其他人文社会科学中间，历史学的特殊性是什么？是它的对象，即突显它的独特性的过去，还是它的方法？答案似乎是显而易见的：正如我们在第一章所看到的，历史研究的是过去，是刻写在时间中的，而社会学将当下的社会及其结构作为对象，人类学从田野调查出发，在共时性中探询组织原则，它首先研究西方以外的社会，然后是存在与行动的实践和方式。至于政治科学，它关心的是与人类统治相关的问题。人文社会科学的最新进展撼动了一种从未如此完美的排列秩序。例如，现时史关注的是切近于当代的问题，所以被赋予了这样一个名称，因为它不能指望别的称号。从 20 世纪 20 年代开始，皮埃尔·勒努万（Pierre Renouvin）等大学历史学家就开始研究第一次世界大战史。此外，主要由社会学家和政治学家在 20 世纪 90 年代发展起来的社会历史（socio-histoire），研究的是现时的社会现象，其名称也指出了这一点。人类学家也经常尝试重建和审视社会的过去，这些社会正是他们从当下出发研究或观察的社会。他们的问题与历史学家的问题相互重叠。在很多研究中，边界变得模糊。例如，1993 年成为法兰西公学院"中南美洲社会的历史学与人类学"讲席教授的南森·瓦赫特尔（Nathan Wachtel），就延续《年鉴》的传统，将这两个"互补的"学科"紧密地"联结起来。

　　至于历史学家的方法（或曰复数的方法），很容易证明它与其他人文社会科学的方法有多么交叉。很多社会学家已经强调，历史学

和社会学注意到相同的方法，以及／或者共享着相同的对象。20 世
纪初，涂尔干（1858—1917）的学生，身兼社会学家、经济学家和
历史学家的弗朗索瓦·西米昂（François Simiand，1873—1935）也认
为，既然这些人文科学有着相同的研究对象，那么他们的实践是可
以互换的（但是要在社会学的带领下[1]），这些说法将被反复申述。
社会学家让·克劳德·帕斯隆（Jean-Claude Passeron）也强调，我们
无法在历史学和社会学之间发现认识论上的差异。[2]

一、历史学与社会学，一场争论的考古学

　　作为一门大学学科的社会学创立于 20 世纪初，尤其是围绕德国
的马克思·韦伯和法国的埃米尔·涂尔干这样的人物，后者在 1913
年担任了索邦第一位命名为"社会学"的讲席教授[3]。对于涂尔干
来说，将社会事实构成真正的科学对象是适宜的，要像科学家以必
需的严谨来观察事物那样处理它们，从而确立一种真正的社会学方
法。这一观点至关重要，卢克·波尔坦斯基（Luc Boltanski）最近解
释了为何社会学家首先将现实假定为"随意的"（arbitraire），"然后，
重建现实在一开始被剥夺的必然性"[4]。

　　正如历史学家们所看到的，自然科学的模式就是这里的背景。
因此，社会学的"奠基者们"在自负的科学主义中自我形塑。1903 年，

---

①　Cf. G. Noiriel, *Penser avec*, *op. cit.*p. 50.

②　In *Le Raisonnement sociologique*, Paris, Nathan, 1990.

③　Cf. M. Fournier, *Émile Durkheim*, Paris, Fayard, 2007.

④　L. Boltanski, *De la critique*, Paris, Gallimard, 2009, p. 24-25.

西米昂在发表于《历史综合评论》（la *Revue de synthèse historique*）的一次报告中解释道："社会科学正在从事的人类事实的建构，旨在创立一门社会现象的科学，类似于已经由自然现象构成的实证科学。"对于涂尔干及其学派来说，应当赋予社会事实与个人相对的独立性，并且依据社会而非个人意向来解释社会事实。社会关系是涂尔干派思考的核心，它既是学术研究的对象，也关系身份问题。涂尔干想要成立一个具有强大凝聚力并且摆脱哲学束缚的学者社群，很多社会学家出自这个社群。必须确保社会学在大学中的地位，并为其提供机构设置：于是，《社会学年鉴》（*L'Année sociologique*）在 1898 年问世。但是在 20 世纪初，社会学并没有真正的政治手段，它的雄心壮志尤其与已经制度化了的历史学相冲突（直到 1958 年才出现了社会学学位）。涂尔干派社会学打算一方面通过对社会世界的总体解释，与马克思主义开展部分竞争，另一方面在其主持下统一社会科学，推动学科的跨越。涂尔干本人想要定义历史学与社会学之间的混合关系。与西米昂一样，他认为两者之间固然存在不同的观点，但是方法应该共同趋向于客观地处理社会事实。历史学应当开展解释和比较。不过，一经比较，"历史学与社会学就变得不易区分"[①]。历史学应该服务社会学。这样历史学就能通过观察社会事实的起源来衡量它们的构成，就像在显微镜下一样。在一些课程或著作中，涂尔干以一种历史视角来研究问题（如对教育史的

---

① *Remarque sur la méthode en sociologie* 1908, cf. M. Fournier, *Émile Durkheim, op. cit.*, p. 545, 668.

研究）。西米昂，特别是在 1903 年的演讲中，对他那个时代的学院派史学进行了严厉的批评。西米昂说，我们必须通过比较来寻找历史规律，发现一门实证科学的基本构成规则，总结被观察现象之间的普遍关系，而不是自满于一种单纯的博学，地理学家们那些说明不了任何问题的区域专著就是如此。作为一种早期的共鸣，菲斯泰尔·德·库朗日已经对社会学（根据弗朗索瓦·阿赫托戈的观点，无疑是涂尔干派的社会学）的强势兴起有所反应。如他在 1889 年写道："人们在几年前创造了'社会学'一词。'历史学'一词有着相同的含义并且讲述相同的事物，至少对那些充分理解历史学的人来说是这样的。"[1] 然而，西米昂揭露了历史学家们的幻想——他们对社会关系、社会结构以及个人行为的集体特性关注不足。历史学家们过于自由，没有衡量社会决定因素的力量。由于拒绝抽象，他们无法建立科学的因果关系。他们紧紧抓住"三个偶像"：政治的、个体的和年代的。由于过分聚焦于最偶然的政治事件，他们无法建立规律性；由于过多地关注个体意识，他们忽视了社会事实；由于沉迷于起源研究，他们在区分时代和事件等级方面做得太少。尤其重要的是，历史学家在追踪个体和自己会说话的事物时，可以说并没有与常理划清界限（尽管在朗格诺瓦和瑟诺博司的手册中蕴含着对批判性距离感 [recul critique] 的强烈提示）。在德国，尽管马克思·韦伯在他的社会学著作中大量运用历史，但与法国相反，他并没有以这样的方式对两门学科之间的对立做主题化的设问。

---

① 　Cité in F. Hartog, *Le XIXe siècle, op. cit.*, p. 149-150.

这些反复出现的批判历史的论战，同样引发了捍卫式的回应，例如夏尔·瑟诺博司的回应就提醒人们，历史学家不可能严格实行自然科学的原则，并且他们的成果受限于必要的准确性，而这种准确性只能从个体尺度上获得。[①] 我们需要怀疑普遍性。不过瑟诺博司对于社会学的审慎并没有被当时所有的历史学家共享。由亨利·贝尔（Henri Berr，1863—1954）创办的《历史综合评论》就是一个争论这些问题的平台。该杂志旨在开展一项百科全书式的知识综合计划，超越博学并创建一个自由交锋的空间。在亨利·贝尔看来，历史学与涂尔干派的社会学在这里都很重要。《年鉴》（1929）的两位创办者马克·布洛赫和吕西安·费弗尔在该杂志上开展合作，并且在亨利·贝尔创立的"人类的演进"（L'Évolution de l'humanité）著名丛书中出版作品。

二、年鉴学派：一场革命？

名为《经济与社会史年鉴》（Annales d'histoire économique et sociale）的杂志的创立，是历史学科史上的一次重大突破，但我们需要衡量它的确切影响，也要充分考虑创立者或继承者的言论，相比于延续性的因素，他们经常强调的是创新的效应。

作为杂志的两大支柱，布洛赫和费弗尔当时都是斯特拉斯堡大学的教授，而斯特拉斯堡大学是在刚被收复的阿尔萨斯展示法国科

---

① Voir C. Delacroix, F. Dosse et P. Garcia, *Les Courants, op. cit.*, p. 194-196.

学的橱窗。这两位史家已经各自有一部重要著作来反对学科分裂。马克·布洛赫是高师毕业生，曾获历史与地理执教资格。他出生于学术世家（他的父亲古斯塔夫·布洛赫 [Gustave Bloch] 擅长研究古代），一战时奔赴前线并以学者的视角进行观察，战后完成了有关卡佩王朝时期国王与农奴的论文。1924 年，他出版《国王神迹》，该著借助其他学科（人类学和民俗学），立足长时段，分析了英、法国王们的治病①能力。1936 年，他被任命为索邦大学教授。吕西安·费弗尔（1878—1956）也是高师毕业生，并获执教资格，在完成博士论文《菲利普二世与弗朗什－孔泰地区》之后，他更多地转向了宗教与思想史。1922 年，他出版了《大地与人类演进》，该著展现了对意在打破社会学过于严格的决定论的地理学的接受。他还尝试写了一本路德的传记（1928），将这一人物置于其时代与问题背景当中。这两位史家为这本杂志投入了很多精力，在最初二十年物质条件不稳定的情况下，他们写下了杂志所发表的几乎半数文章。在德国占领时期，费弗尔要求身为犹太人的布洛赫在杂志上撤掉他的署名。尽管不乏紧张关系，他们的友谊还是经受住了这一时期的考验，直到布洛赫在 1944 年被德国人枪杀。

一开始，《年鉴》的特殊性和影响力源于其创立者对不同人文科学的开放。在第一期的发刊词中，作者们大声疾呼反对分隔专业的"可怕的分裂"。与社会学或经济学的联盟也使改变最为学院派的官方历史成为可能。《年鉴》特别关注经济社会史，对立于当时占主

---

① 具体指的是治愈瘰疬病。——译者注

导地位的史学，我们已经看到，后者强调的是政治问题。据统计，从 1929 年到 1945 年，《年鉴》发表了约 3% 可以被视为政治史的文章，而在《历史评论》中这一数字约为 50%。[1]经济社会史也引发了对政治史的批判，即它仅限于展现事件，缺少解释的意愿。它应该使历史学家的研究充满活力，尤其要考虑执政者之外的其他现实。《年鉴》的经济社会史同样响应了它的时代：民主的发展，正如时人所说的"群众"重要性的增加，这带来了一种更加开放、更加社会化/合群、关注多样个人的历史。1904 年，亨利·豪泽（Henri Hauser，他的经济史有别于《年鉴》的经济史[2]）也说道："如果历史不能成为经济的，那么它就不可能成为民主的，因为历史所展现的阶级是劳动者与生产者阶级。"[3]比利时史家亨利·皮雷纳（Henri Pirenne，1862—1935）在此种经济史的问世中发挥了关键作用。但是这种对经济社会史的强调与经济史传统写法（亨利·塞 [Henri Sée] 或亨利·豪泽的作品）之间的断裂并不像我们有时认为的那样剧烈。《年鉴》杂志期望与已经存在的《经济与社会史评论》（*Revue d'histoire économique et sociale*）竞争，当时德国已经有了《社会经济史季刊》（*Vierteljahrschrift für Sozial-und Wirtschaftsgeschichte*）（1903）[4]。

① F. Dosse, *L'Histoire en miettes. Des Annales à la « nouvelle histoire »*, Paris, La Découverte, 2010 [1987], p. 45.

② Cf. S.-A. Marin et G.-H. Soutou (dir.), *Henri Hauser (1866-1946), Humaniste, historien, républicain*, Paris, Presses de l'université Paris-Sorbonne, 2006.

③ Cité par N. Zemon Davis, *ibid.*, p. 16.

④ P. Schöttler, « Annales », in C. DelacroixP. Garcia et F. Dosse, N. Offenstadt (dir.), *Historiographies, op. cit.*, vol. I, p. 33 et suiv.

尽管人们说《年鉴》杂志对马克思主义感兴趣，但是它绝没有追随马克思主义的系统化的特性。

第一代《年鉴》史学从多个来源汲取了营养。马克·布洛赫对语言学感兴趣，特别是以著名学者安东尼·梅耶（Antoine Meillet）为代表的语言学，这对于以文字为一手材料的历史学家来说是必要的。夏尔·布隆代尔（Charles Blondel）和亨利·瓦隆（Henri Wallon）的集体心理学同样深刻影响到《年鉴》创办者，他们期待推动历史学和心理学之间的联合，例如围绕面对创新的态度这一主题。[1] 布洛赫和费弗尔早年受到涂尔干主义的培养，他们声明受惠于涂尔干。作为《社会学年鉴》的定期读者，马克·布洛赫更是在《为历史辩护》中写道："（涂尔干学派）教给我们更加深入地分析，更切近地把握问题，我敢说，还有不要做廉价的思考。"毫无疑问，这句话精确地表达了社会学带给历史学家的首要意义。最后，即使在那个年代人文地理学依然是非常描述性的，它还是第一代《年鉴》众多兴趣的一部分，费弗尔的一篇文章即是证明，这篇文章在提及查理五世让位给菲利普二世之前，描写了多个国家、它们的自然边界以及生活方式。作为一名"认真仔细的读者"，费弗尔始终关注着地理学的研究成果。[2] 在《法国农村史》（*l'histoire rurale française*，1931）中，布洛赫也从地理学那里获得了大量材料。[3]

杂志的创立者们希望杂志成为一个开展真正的集体研究，并从

---

① C. Delacroix, F. Dosse et P. Garcia, *Les Courants, op. cit.*, p. 280-281.

② B. Müller, *Lucien Febvre, lecteur et critique*, Paris, Albin Michel, 2003, p. 243.

③ Voir la préface citée de Pierre Toubert à l'édition de 1988.

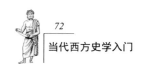

中寻求不同社会科学的支持者的工具。因此，在历史学家（特别是皮雷纳和豪泽，后者占据着索邦大学经济史第一任讲席，马克·布洛赫后来接任）之外，第一届编委会还包括了两位地理学家、一位经济学家和一位社会学家（莫里斯·哈布瓦赫，1877—1945）。与涂尔干学派一样，《年鉴》历史学家们也想要统一社会科学，不过这次是围绕着历史学。社会科学的对象、社会中的人，应该促进这种交流。在美国，这种跨学科的考虑与开拓历史领域的意愿结合起来，已经推动了我们所称的"新史学"（New History），它围绕着詹姆斯·哈维·鲁滨逊（James Harvey Robinson，1859—1952）以及汇聚了实用主义哲学家约翰·杜威（John Dewey，1859—1952）和人类学家弗朗茨·博厄斯（Franz Boas，1858—1942）的社会研究新学院（The New School for Social Research），但它并没有创造出媲美《年鉴》的活力。

　　早期年鉴学派的史学看重提出问题，那些广泛、灵活、容许超出常规的问题。费弗尔有句明确的口号，历史学是一门"提出问题的科学"。[1]继皮雷纳的作品之后，《年鉴》推动了比较和比较史学。在《封建社会》（Société féodale，1939—1940）中，马克·布洛赫借用了他在一篇文章中曾有力分析的路径，这篇文章名为《论一种欧洲社会的比较史》（Pour une histoire comparée des sociétés européennes）[2]，

---

　　①　Cité in C. Delacroix, F. Dosse et P. Garcia, Les Courants, op. cit., p. 252.
　　②　国内现有的史学史著作中，这篇文章的题目普遍被译为《论欧洲社会的历史比较》，实际上并不准确。——译者注

时至今日仍不断被人评论。[①]人们已经提到，《年鉴》也拓宽了我们所说的材料视野。还有与当下的对话，实际上，这份杂志为涉及经济局势或国际关系的现实问题留出了很大空间。然而，它没有涉足法国的政治，因为年鉴学派像涂尔干学派一样，捍卫着科学对于当代政治问题的自主性。

最好不要赋予《年鉴》一种过于统一、过于系统的革新者形象。它的第一批合作者并没有构成这样一个学派，即其成员秉持相同要求并介入相同的争论。在《年鉴》上发表文章并不意味着认可其创立者的全部选择。同时，它也知道与前几代历史学家进行妥协，并且继续与《历史评论》合作。《年鉴》史家们将创新镶嵌进前辈确定的方法规则中。吕西安·费弗尔对"历史化历史"和瑟诺博司的猛烈批评，只是在其入选法兰西公学后才公开表达，也就是直到他身处大学等级顶端之时。因此，《年鉴》的创办构成了作为学科的历史自主化过程的一步，同时突显了它在社会科学当中避免被孤立的境遇（历史是主张联合的）。尽管如此，该杂志并没有对历史职业施加一种支配性的影响。

---

① *Revue de synthèse historique*, 1928.

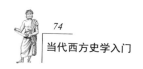

三、20世纪50年代之后的历史与社会科学

20世纪50年代的环境通过多条路径形塑了历史学科的发展。首先，苏联抵抗纳粹的胜利、东方阵营在国际生活中的影响力促成了马克思主义的大扩展，特别是因为很多知识分子和历史学家与革命运动以及各自的共产主义政党走得很近。殖民地国家及之后"第三世界"的斗争——首先是为了它们的独立，然后是为了它们的经济政治发展——使得以它们为主要领域的人类学成为一门重要的科学，这门重要科学的意义甚至比原始知识更为重大。被称为"辉煌三十年"的加速增长以及随之而来的巨大动荡也改变了历史学家的思考。

围绕着社会的宏观经济取径和对集体社会结构的研究，历史学家与地理学、经济学甚至人口统计学建立了联盟。接着人类学成为一个重要的对话者。

1. 布罗代尔、拉布鲁斯和结构

在20世纪五六十年代的法国，经济与社会史、计量与系列史特别活跃，这类历史指的是从数据和数字的多种连贯系列出发开展研究，使它们变成同质的、可利用的，以便提炼出整体的发展。皮埃尔·肖努（Pierre Chaunu，1923—2009）有关塞维利亚和美洲之间商业贸易的研究就是著名的案例。卡米耶－欧内斯特·拉布鲁斯（Camille-Ernest Labrousse，1895—1988）是这一时期史学的灯塔式人物。拉布鲁斯从1945年到1965年担任索邦大学教授，直接或间接培养了 11 名学生，例如皮埃尔·古贝尔（Pierre Goubert），还有西班牙与加泰罗尼亚史的著名专家、马克思主义者皮埃尔·维拉尔（Pierre Vilar，1906—2003）。作为西米昂的学生以及《年鉴》的合作者，拉布鲁斯在马克思主义的影响下为历史学家的领域引入了经济学和统计学的概念。但是计量史的出现远没有局限于马克思主义领域。

"拉布鲁斯式的"历史从诸如价格与税收这样的经济系列出发，探讨长时段运动。这些系列可以解释政治事件，尤其是法国大革命。对于拉布鲁斯来说，经济层面实际上是决定性的，它使得考虑政治态度与行动成为可能。因此，应该研究"经济、社会和心态之间的关系"，不过要"全力以赴地"把"社会"置于这种三位一体的中心。[1] 这一时期的系列史"象征着对历史学科学地位的证明"[2]。它也在政治和文化领域产生影响，例如使用成系列的遗嘱来衡量人们面对死亡的宗教态度。例如，米歇尔·伏维尔（Michel Vovelle）借助普罗旺斯的遗嘱，论证法国大革命并没有开启去基督教化，后者在 18 世纪已经很深入了。[3]

拉布鲁斯式历史的发展恰逢结构主义的兴起，它们都对社会决定因素和具有解释效力的规律性感兴趣。结构主义是一种思考与研

---

① 　E. Labrousse, « Introduction », in *L'histoire sociale, sources et méthodes*, Paris, puf, 1967, p. 4-5.

② 　M. N. Borghetti, « Histoire quantitative, histoire sérielle », in C. Delacroix, F. Dosse, P. Garcia et N. Offenstadt (dir.), *Historiographies, op. cit.*, vol. I., p. 414.

③ 　*Piété baroque et déchristianisation en Provence au* xviiie *siècle*, Paris, Plon, 1973.

究潮流，贯穿从人类学到文学批评多个学科。在语言学的影响下，它旨在揭示作为一个社会之根基的抽象关系的一致系统，但人们无法通过直接观察把握这些关系。重要的是剖析决定性的社会机制，进入激发各社会群体的无意识的深层结构，这通常包含某种批判性的维度，即"揭露"占主导地位的形象与权力形式（弗朗索瓦·多斯）。亲属关系系统与神话是人类学家和历史学家结构分析的核心。在考察不变量时，结构主义更注重共时性（即在现象的同时代联系中把握它们）而非历时性（即在不同时代中的现象记录），这突显了社会科学想要摆脱历史学监护的意愿。作为结构人类学的奠基者（1949 年出版《亲属关系的基本结构》），克劳德·列维 - 斯特劳斯（Claude Lévi-Strauss）不断地疏远历史，这种历史缺少观念覆盖面上的魄力，缺少把握结构和"连续"的工具，特别是无视了非西方社会。米歇尔·福柯（Michel Foucault，1926—1984）是一位不局限于任何类别的哲学家，他在第一本著作中运用历史学（杜梅泽尔[1898—1986] 或布罗代尔）和心理学，从结构的方法出发，震撼了知识史与学术话语史。

尽管存在争议和分歧，结构主义运动的力量及其与当时历史研究的契合，推动了长时段、远离事件、注重系列这些概念的兴起。在 20 世纪 50 年代被确立为《年鉴》领袖的布罗代尔，重拾结构的概念以及一些人类学命题，并使它们适用于历史学科。从历史学家的视角来看，社会结构的特点在于长时段的、缓慢的运动，这尤其指地理框架、道路、交通以及技术的变迁。"长时段（longue durée）"这一概念 ① 是一种"真正的历史解释模式，在布罗代尔的观念中，它将时间、空间以及经济社会衔接起来" ②，从而使历史学科在面对结构主义的动力时保持力量：的确存在一种结构的历史性，人文科学的共同体计划能够继续下去。

因此，布罗代尔本人的著作捍卫了一种"地理－历史（géo-histoire）"，他将地理空间融入历史学家的时间当中。经由亲属关系的主题，对结构的探讨延伸到关于社会的经济基础的研究中。皮埃尔·图贝尔（Pierre Toubert）就将其有关中世纪中期意大利中部的鸿篇论著定名为《中世纪拉齐奥的结构》（*Les Structures du Latium médiéval*，1973）。它并没有受到人类学的深刻影响，然而，结构的主题贯穿其中，而且这位中世纪史研究者强调历史是"系统的系统"（système des systèmes）。 ③

2. 远程联盟（Une alliance de longue portée）：历史人类学

20 世纪六七十年代人类学的活力影响了历史学家们的研究。讨论变得更加频繁，因为历史学家们过去很大程度上忽视了最初的民族志（或人种志）研究。特别是在 1950 年的一次会议上，杰出的英国人类学家爱德华·埃文斯－普理查德（Edward Evans-Pritchard）呼吁两个学科之间建立更加紧密的联系，因为二者不仅共享相同的

---

① « Histoire et sciences sociales. La longue durée », *Annales* esc, 1958, p. 725-753.

② B. Müller, « Sociologie et histoire », in C. Delacroix, F. Dosse, P. Garcia et N. Offenstadt (dir.), *Historiographies, op. cit.*, vol. I., p. 630.

③ In *Genèses*, 60, 2005, p. 143.

研究工具（阐述整体、代际和理想类型），而且分享以自身的文化来理解另一个世界的方法。[①] 20 世纪 70 年代，历史人类学作为新的杂交形式发展起来，其特征在于主张跨学科方法——这意味着比较，也在于对一些人类学的传统主题（首先是亲属关系，其次是神话传说中的叙事，以及仪式、身体和姿势）的特定兴趣。对于雅克·勒高夫和让 - 克劳德·施密特（Jean-Claude Schmitt）来说，"和社会与文化人类学的接触丰富了历史学家的思考，因为他们从其中既借用方法（例如由克劳德·列维 - 斯特劳斯定义的结构分析），也引入了历史学家们以前并不熟悉的对象与问题"[②]。历史人类学是在双重社会背景下兴起的，一方面是西方社会价值的相对化，这引发了对人类学家所研究的非西方社会的更大兴趣，另一方面是对传统欧洲社会（尤其是农村社会）的关注增加，这些传统社会似乎在随着工业化和城市化而消失。让 - 克劳德·施密特的研究《13 世纪以来救治儿童的圣犬吉纳佛》（*Le Saint Lévrier. Guinefort, guérisseur d'enfants depuis le xiiie siècle*，1979）就证明了这种研究方法的有效性：作者分析了有关救治守儿童的灵缇犬的传说和仪式，这是一种从中世纪至今的"大众宗教"（对一条狗的崇拜肯定是违法的）。为了进行此项研究，这位中世纪史家对社会史进行了结构分析，并将民族志用于考古学。人类学也影响到一些研究古代的历史学家，例如曾与勒高夫合作的皮埃尔·维达尔 - 纳凯（Pierre Vidal-Naquet，1930—

---

① E. Evans-Pritchard, *Les Anthropologues face à l'histoire et à la religion*, Paris, puf, 1974.

② J. Le Goff et J.-C. Schmitt, « Préface », *Id.* (dir.) *Dictionnaire raisonné de l'Occident médiéval*, Paris, Fayard, 1999, p. IX.

2006），他们二人的这篇论著有一个意味深长的标题：《魔林中的列
维·斯特劳斯》（Lévi-Strauss en Brocéliande，1974）[1]；又如让 – 皮
埃尔·维尔南（Jean-Pierre Vernant，1914—2007），还有以其著作开
启了另类视野的妮可·洛奥克斯（Nicole Loraux，1943—2003）。他
们的著作，尤其是有关仪式与神话的研究，更新了人们对于古希腊
的见解，不过总的来说，古代史并未因此而倾心于社会科学。

　　最终，历史人类学的发展使历史学家的研究领域变得更为多
元，保证了他们对社会科学展开的大多数主题的参与。在 20 世纪 70
年代的学科交流中，社会学和人类学似乎比经济学与地理学占据了
更重要的位置。尽管结构人类学走向衰落，交流与引进的形式依然
多样且活跃。

　　人类学——尽管它们更多是结构人类学之外的研究——也促进
了德国和意大利的社会史的更新，特别是后文将会详述的微观史
（microstoria，见第 92 页）以及日常生活史（Alltagsgeschichte[2]）。
后一种潮流在 20 世纪 80 年代兴起，它尤其以阿尔夫·吕特克（Alf
Lüdtke）为核心，兴起于一场更广泛的历史参与运动之中，当时业
余爱好者们以一种批判眼光并通过历史工作坊的形式介入进来。日
常生活史将研究的中心放在个体的具体经验上（这些经验的意义可
能是多样的、矛盾的，正如恩斯特·布洛赫认为不同的时间可以共
存一样），放在他们的日常行为上，"从内向外"审视，可以说与优

---

[1]　« Lévi-Strauss en Brocéliande. Esquisse pour une analyse d'un roman courtois », *Critique*,
325, 1974, p. 541-571.

[2]　Voir la revue *Historische Anthropologie* lancée en 1993.

先研究群体、阶级或结构的传统社会史形成对立——后者的确对日常生活史的命题做出了尖锐的反应，也不同于思想史和制度史。日常生活史关注行动者的日常态度，尤其是其面对统治结构的态度，关注私人加工和挪用社会的方式。它的主要领域是近代史和当代史，注重运用像图像或口头调查这样往往不受重视的材料，研究那些被统治的"无名"个体（阿尔夫·吕特克），例如工人或旧制度下的农民。它试图将行动者本身（人）重新置于分析的中心，相较于计量方法或以大人物为中心的方法，关心的是复数的故事（histoires，stories，Geschichten）。对于其支持者来说，凭借这一精细的视角，日常生活史能够像更加总体的方法一样应对或解释集体问题（例如纳粹统治下德国人的行为）。但它也遭到了相对主义（语境的相对化）的批判，例如诺曼·威尔逊（Norman J. Wilson）的美国史学手册就传达了这种批判。

3. 与社会学对话

从 20 世纪 80 年代开始，很大程度上主导了社会科学的皮埃尔·布尔迪厄的社会学，同样滋养了一些历史学家的研究。由于这种社会学志在囊括整体社会机制，对统治形式和结构视角敏感的历史学家便能从中获得新的工具。此外，布尔迪厄及其团队经常与历史学家（罗杰·夏蒂埃）对话，有时和克里斯托弗·夏尔（Christophe Charle）走得特别近，不过他们并非没有摩擦；他们的杂志《社会科学研究行动》（*Actes de la recherche en sciences sociales*）接收了历史学家的很多文章，这些历史学家或多或少受到布尔迪厄立场的影响（让－菲利普·热内 [Jean-Philippe Genet]）。

布尔迪厄的社会学也是社会－历史学（la socio-histoire）工具的一部分，是历史与社会科学之间合流的新形式，是一种新的融合。

如果说社会－历史学这一术语在 20 世纪 90 年代前已经被足够普遍地使用，那么从那时起，它经常被用来指代一种社会科学的研究潮流。说实话，这一潮流相当灵活。它的特点首先在于强调历史学与社会学在研究实践中的实际联系。因此，社会－历史学家既接纳了历史学家经验研究的遗产（注重史料），也继承了研究权力关系和个体间联系的社会学家的遗产。除了这一笼统定义，社会历史学还强调了一些问题，如"公共舆论"或"民族"这样的现成范畴（它们如何在时间中被建构出来，哪些行动者参与了建构），沟通行为中的不同个人的各种关系，特别是关注各种"间接联系"（例如法律、货币等）。它与一些自称为"历史社会学"（sociologie historique）的研究存在合流与相似之处，例如由奥利维埃·伊尔（Olivier Ihl）和伊夫·德罗瓦（Yves Déloye）①等当代研究者构想的"政治的社会历史学"（sociologie historique du politique），他们二人虽然在体制上属于政治学家，却抓住了历史事物或对当代对象进行历史化的处理，对投票的研究即是一例。

社会历史学对传统政治史的批评——例如出自巴黎政治学院（Sciences Po）的批评——旨在恢复政治行动者自身的构成与表述，因而也不同于 20 世纪 60—70 年代的社会史。实际上，对于决心更加

---

① Y. Déloye, *Sociologie historique du politique*, Paris, La Découverte, 1997.

紧密地衔接行动者与集体性的社会－历史学家来说，这种社会史与社会学保持着相当模糊的关系，特别是它往往使用过于笼统的分析范畴（围绕着"社会阶级"）。安德烈·洛兹（André Loez）就以这种方式重新回顾了1917年法军的几次大兵变：他的研究既是一种从社会学角度解释兵变者的行为方式与介入形式的社会史，也是一种"有关镇压行动和军事官僚机构的社会－历史"。[①] 社会历史学成功的一大关键在于，来自不同学科的研究者（G. Noiriel，M. Offerlé，Ch. Topalov）搭建了一个多样的交流场所，《创世纪》（*Genèses*）杂志便是其中之一。

4. 行动者的回归与实用主义

　　另一种社会学潮流也为当代社会世界研究以及历史学分析开辟了新的前景。这一潮流被人们称为"实用主义社会学"（sociologie pragmatique），它实际上还触及社会学之外的不同学科，特别是人类学和经济学。它也反映了历史学家们关于"回归行动者"的一些新问题，有时在社会科学中被称为"实用主义转向"（Laurent Thévenot）。虽然这种社会学赋予行动者中心地位，但是它的意义远不止于此，因为它所提供的有效的理解框架，可以以不同的方式把握历史学家中的经典主题，例如"丑闻"和"案件"。[②] 行动者的行为方式乃是实用主义分析的核心，故它与日常生活史存在着不少交

---

　　① 　*14-18. Les refus de la guerre*, Paris, Gallimard, 2010.

　　② 　Voir, par un historien de l'époque moderne, autour du procès du libertin Théophile de Viau dans les années 1620, S. Van Damme, *L'Épreuve libertine*, Paris, cnrs, 2008.

集。观察的领域是行动的领域，在此研究者观察行动者表现出的不确定性，以及他们之间的调整形式。正如历史学家贝纳德·勒贝蒂（Bernard Lepetit，1948—1996，他是开启与实用主义社会学对话的先锋之一）所强调的，协调与分歧的问题是这一反思的中心：行动者之间的协调如何产生，如何在特定的环境中——或用一个经常使用的术语"考验"下——解体。实用主义的取径非常关注行动的认知层面：换句话说，它试图掌握行动者们知晓什么，他们的（日常）技能是什么，他们如何运用它们，他们又是如何判断和评估不同境况的。正当性问题往往是社会世界这一取径的核心。在日常生活的许多境况（"考验"）中，需要自我辩护，并经常追溯一些"一般性"原则。为了推进这种分析，卢克·波尔坦斯基（Luc Boltanski）和罗朗·戴弗诺（Laurent Thévenot）提出了一种关于可能世界和"正当性体制"的类型学，其中每个可能世界的"规模"不断变化，他们称之为"城市"（根据"规模"，分为"市民的""商人的"等等）。在《规模的经济学》（*Économies de la grandeur*，1987/1991）出版之后，它的作者以及其他的社会学家和历史学家——比如罗伯特·德西蒙（Robert Descimon）——丰富并讨论的这一模型，尤其质询了这些"城市"时间中的可能记录。

伴随着这种科学社会学与知识的更新（在法国，在布鲁诺·拉图尔 [Bruno Latour] 以及历史学家斯特凡·范戴姆之后），伴随着艺术人类学的更新（英国的阿尔弗雷德·格尔 [Alfred Gell]），整个社会科学潮流都对物体、"非人类"、技术设备以及物质结构在获取人类行动、分析协调与分歧中的地位投注了新的目光。这种新的科学

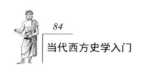

史处于极为跨学科的背景之中，在盎格鲁 – 撒克逊世界属于"科学技术研究"。《利维坦与空气泵：霍布斯、波义尔和实验生活》（*Leviathan and the Air-Pump: Hobbes, Boyle, and the Experimental Life*）^① 一书的作者、历史学家史蒂文·夏平（Steven Shapin）就处于历史、哲学与社会学之间。

---

① 　Avec Simon Schaffer, Princeton, Princeton University Press, 1985, traduction française, *Leviathan et la pompe à air*, Paris, La Découverte, 1993.

第六章

切割与分类：历史学家的尺度与范畴

在历史学家的工作中，确定研究的范围是基本的：根据多长时间来研究一个现象？根据何种空间？使用何种方法或依据何种分析脉络？甚至运用哪些概念？对这些问题的回答部分而言是个实践问题：每个人都按照他的研究主题、可用的材料、方向、赋予这项研究的时间、解读和遭遇的风险来做出回答。但与此同时，这样的问题不断引发更广泛的反思和议题。它们在不同的史学时代找到了不同的解答与回应，并且仍在为讨论提供新的养料。

一、分类、挑选

1. 群体的制造

随着研究社会群体或"阶级"的历史社会学的发展，特别是在第二次世界大战之后的发展，历史学家们就理解和划分民众的更好方式展开了自省与讨论。正如用词方面所展现的，这一问题围绕着

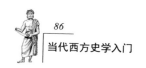

两极：要么建立范畴，使用当代提供的范畴，例如由国家统计局确定的社会职业类别，要么从所研究时代的分类和词汇出发。例如，在 20 世纪 70 年代，艾德琳·杜马（Adeline Daumard）借鉴法国国家统计与经济研究所（INSEE）的社会职业类别（CSP）来研究 18 世纪和 19 世纪。另一些史家，例如研究现代卡昂的让－克劳德·佩罗（Jean-Claude Perrot），或是娜塔莉·泽蒙·戴维斯和爱德华多·格伦迪（Edoardo Grendi）看重"原生的（indigènes）"分类学（也就是指所研究时代的行动者的产物）。任何重新集合的问题，尤其是国家统计与经济研究所的社会职业类别，在于将各种不同的社会立场置于同一词语之下。由于分类选择的不同，历史学家的结果可能是不同的，这是讨论的关键问题。于是一种社会史从此发展起来，它依据当时行动者自行完成的集合，尝试考虑各种网络和更为有限的实体。因此，历史学家的出发点不再是现成的群体类别，而是某条道路上的居民（如数十年来保罗－安德烈·罗森塔尔 [Paul-André Rosental] 对从洛奥至里尔沿途 [Loos-lès-Lille] 的考察），或结婚见证人（安托万·普罗斯特）。应该指出的是，分类学的问题也部分取决于技术状况。从 20 世纪 60 年代到 80 年代，用打孔卡进行编码的方法，显然没有个人计算机发展带来的分析灵活性和多样性。

从 20 世纪 70 年代开始，统计学家和研究者们在分类中所使用的范畴本身成了历史的研究对象（人们已经把它视为史料），学者的设问已超出此类范畴的技术与应用方面，转而探究它们如何揭示了使用它们的社会。在阿兰·德斯罗西耶（Alain Desrosières）和洛朗·特维诺（Laurent Thévenot）有关社会职业类别和统计的研究之后，分类的斗争、语义的冲击、命名问题引发了很多研究。同样地，历史学科的开放性使得更具实验性的研究有了可能，例如以色列的反传统史家丹尼尔·米罗（Daniel Milo）在其"另类历史（alter histoire）"中处理过类似的范畴，并与阿兰·布罗（Alain Boureau）一起主编了同名的著作。① 因此，重要的是"激发历史学家的自由想象，承认可能的力量，为强化无序感而介入，在当下演绎过去"。另类历史的实验引发了一些争论和冲突，但进一步的讨论并不多见。

自 20 世纪 80 年代起，特别是在法国，在注重海岸感知以及声音景观的阿兰·科尔班（Alain Corbin）的多部著作的推动下，社会文化史的诸多变化也为感觉史开辟了道路。尤其是情感史在今天获得了可观的发展与充分的讨论，它凭借美国中世纪史学者芭芭拉·罗森宛恩（Barbara Rosenwein）关于"情感共同体"的研究，以及另一位美国史家威廉·雷迪（William Reddy）的研究而走红，目前已经影响到近当代史领域（相关的教学既涉及历史也涉及文化人类学）。

2. 福柯旋风

从 20 世纪 70 年代开始，对范畴问题日益增长的兴趣汲取了多方面的资源，其中包括米歇尔·福柯的著作。尽管批评过历史学科的不可靠，这位哲学家却具有很明显的历史特色，他尝试从非常新颖的视角理解某些对象——疯癫、性、司法、刑罚。福柯考虑的并

---

① Alter histoire, *Essais d'histoire expérimentale*, Paris, Les Belles Lettres, 1991.

非这些对象本身的存在——这依据其自然的界定就足以开展研究。福柯证明的是，这些对象很大程度上是把握它们的话语、是确定它们的实践的产物。因此，范畴的划分不再是依据经典的年代顺序、按照制度的逻辑进行，而是按照实践方式以及划分本身涉及的利害关系。不存在自然的普遍性和真理。例如，疯癫并不是历史学家必须解释的本质，而是"在包含各种陈述的群组中能够被言说的整体，这些陈述命名、划分、描述、解释疯癫，讲述它的发展，指出它的各种关联，评价它，并最终赋予它一种言说，这一言说以它的名义组合各种话语，而此类话语应被视为它自己的话语……关于疯癫的话语统一性不是立足于'疯癫'这一对象的存在，也不构成有关客观性的唯一视野……因此，它是一套规则，这些规则与其说是以一致性来表述对象本身，不如说显示了与对象本身的非重合性，与它的持续差异、间隔以及离散"[1]。对制度和范畴的去自然化贯穿于福柯前期的作品，尤其是通过对诸多话语和一般性的话语概念的有力反思。出于对超然于社会之上的思想史的一种尖锐且坚定的批判，福柯认为，所有陈述都是一个事件，它不涉及任何超越性的东西，亦不以有意识的主体为前提，而是与其在权力机制中的位置以及真理的定义有关。[2] 福柯的话语分析与研究者无法证明或证实的话语真实性的奢望无涉。这种对称性原则也适用于大卫·布鲁尔（David Bloor）的新科学社会学，或宽泛地适用于布鲁诺·拉图尔（Bruno

---

[1] M. Foucault, « Sur l'archéologie des sciences. Réponse au Cercle d'épistémologie », *Cahiers pour l'analyse*, 9, 1968, repris dans Dits et écrits I, Paris, Gallimard, 2001, p. 739.

[2] Voir G. Deleuze, *Foucault*, Paris, Minuit, 1986, p. 14 et suiv.

Latour）的研究，这尤其表现为他平等地处理那些尤其被视为"真实的"或"错误的"理论。话语就其自身的一致性而言是有效的，正如构成话语言说之内容的社会实践。福柯试图理解话语如何制造真理，话语如何生成普遍性，"权力如何转化成知识，知识反过来又如何成为社会的真理"[1]。福柯对于权力和治理（la gouvernementalité）的质询声援了很多关注人类治理"技术"的史学作品。在政治批判和女性主义的背景下，尤其在美国，福柯关于性、性在自古代以来的主体建构中的作用，以及性的社会功能的哲学作品，也与关于身体、性的新的研究领域的兴起关系密切。他的研究促进了类别和刻板印象的解构，特别是性别分类。

3. 一个锐利的分析范畴：性别（le genre）

因此妇女史蓬勃发展。与由男性创造的人类历史相对，妇女史和女性研究首先想要使女性作为历史的行动者变得可见。女性主义者和妇女史家正确地强调男性统治对观察过去的眼光施加了多大影响，她们倡导研究属于女性的历史，并且突显那些曾经被忽视的人物。这些研究逐渐阐发出性别（genre/gender/Geschlecht）这一术语并使之合法化，它意指"社会性别"（sexe social）或"社会建构的性别差异"（la différence des sexes socialement construite）（弗朗索瓦斯·赛博 [Françoise Thébaud]）。这一术语在实际运用中与妇女史存在距离，因为它被置于一种探讨统治与权力关系的更广泛路径

---

[1] J.-F. Bert, *Introduction à Michel Foucault*, Paris, La Découverte, 2011, p. 102.

中，强调女性／男性的关联、建构、历史性。问题不再是将妇女视为一个被构建的群体，而是要探讨其中的各种类别：在不同的时代，男人和女人是如何相互感知和相互言说的。美国历史学家琼·斯科特（Joan Scott）1986 年的一篇文章标志着社会性别（genre）概念的确认。[①] 这一术语或概念本身经历了无数的调整、讨论和争议，有人质疑它的套路化的用法有可能让人忘记其批判性的特征。在 20 世纪 90 年代，这些丰富的研究远离了男性／女性的二元对立，以便考虑到模糊的认同以及性别的混合。因此，西尔维·斯泰伯格（Sylvie Steinberg）关注异性装扮及它在现代的感知。[②] 酷儿研究（Queer studies）这一术语——主要是围绕着朱迪斯·巴特勒（Judith Butler）的文本被塑造出来的——指的是那些关于可选择性身份，特别是同性恋的研究，它们远离了"异性恋正统主义"（l'hétéronormativité）。

性别不仅揭示女性身份的建构，也揭示男性身份的建构，因而有关历史上男子气概的研究同样得到发展。社会性别也促进了对身体和所有涉及性别的事物的历史化。视野有时更加开阔：通过性别认同的棱镜可以重新思考历史发展或某些特定时期，这通常会导致富有成果的重新解读，甚至一些年代学上的偏移。美国女历史学家琼·凯利（Joan Kelly）就提出这样一个问题："女性有文艺复兴

---

① "Gender: a Useful Category of Historical Analysis", *American Historical Review*, 1986, pp. 1053-1075.

② *La Confusion des sexes*, Paris, Fayard, 2001.

吗？"① 而莎伦·法墨（Sharon Farmer）在美国的研究开启了一项对中世纪贫困的新分析（《中世纪巴黎生存线上的贫困：穷人的性别、意识形态与日常生活》[*Surviving Poverty in Medieval Paris:Gender, Ideology and the Daily Lives of the Poor*]② ）。

在法国和德国史学中，有关社会性别的研究很晚才发展起来，但它们现在占据了重要的位置。为了反对"局部的、片面的、最终不三不四的"历史叙述，并响应推进妇女史与性别史发展的协会（2000年成立的"记忆女神"[Mnémosyne]）的提议，人们依据这些计划的目标拟定了一本中学教育手册，以便促进一种男人和妇女的"混合历史"，"另一种使妇女走出阴霾的叙述"。③

二、框架定位（Cadrer）：尺度的问题

对于历史学家来说，研究的尺度问题既涵盖恰当的地理框架的问题，也包括为勾勒研究对象的范围而采用的定位方法问题，前一个问题又与对人类活动的空间印记、对空间的社会文化构建日益浓厚的兴趣相关（这个兴趣尤其表现在空间转向 [tournant spatial/spatial turn] 这一反复申述的口号中）。在近三十年来，尺度问题引发了热烈的讨论，这些讨论首先有两个源泉，一个是微观史，它认为从极为有限但被深入研究的对象出发，可能产生重要结果；另一个是呼唤

---

① "Did Women Have a Renaissance? ", in R. Bridenthal, C. Koonz (dir.), *Becoming Visible: Women in European History*, Boston, Houghton Mifflin Co., 1977, pp. 137-164.

② Ithaca, Cornell University Press, 2002.

③ *La Place des femmes dans l'histoire*, Paris, Belin, 2010.

新的地理视角与批判眼光的全球史和关联史。这些进展也与地理学科有关，后者自身在很大程度上进行了更新。

如上所述，从 20 世纪 70 年代开始，对宏观社会与宏观经济的研究视角之效果的质疑，导致为数众多、服膺各种思潮的史学家强调更多以行动者而非结构为中心的视角（"行动者的回归"），考察有限的对象来回答整体性问题。相关的讨论曾经并且仍然很热烈。一些人为微观考察的效力辩护，另一些人，例如雅克·雷维尔（Jacques Revel），强调转换研究尺度的好处。同样地，在关联史（histoire connectée）中，一些人鼓吹大尺度的比较，而其他人则强调对有限的关系进行深描的效力。

1. 微观史

虽说微观史这一表述在广义上可以指 20 世纪 70 年代中期出现的一种史学趋向——特别是其中的日常生活史（l'Alltagsgeschichte），但它主要是用来强调同一时期在意大利兴起的一种研究潮流的特征，该潮流尤其以卡洛·金兹伯格（Carlo Ginzburg）引领性的著作《奶酪与蛆虫》（1976）的出版为标志，该书集中于对一位弗留利的磨坊主的研究。微观史家们在面对当时的经济社会史、回应受拉布鲁斯启发的研究时，反对将外在参照框架贴到行动者身上，转而强调行动者的生活经验、视角与实践。微观史的对象尽管是有限的，但结论的范围不应该局限于此。无论是重新审视国家历史还是近代农民文化，微观史家所设想的认知视野都与更为整体性的观点一样广阔。正如克莱尔·扎尔克（Claire Zalc）和克莱尔·勒梅西埃（Claire

Lemercier）恰当指出的那样，这一雄心"使滥用'微观史'指代一切案例研究的做法归于无效"①。

　　意大利微观史家经常从经济社会史着手，这尤其受到爱德华·汤普森（Edward P. Thompson）著作的影响。在关注焦距变化的整体局势下，《历史笔记》（*Quaderni Storici*）杂志成了那些被国外迅速接受的作品的共鸣箱。然而，这些历史学家并没有形成一个同质的群体，一些人比其他人更加接近文化史，另一些人则批评行动者策略的概念预设过于理性化（西蒙娜·切鲁蒂 [Simona Cerutti]）。微观历史学家的取向非常关心史料的产生、所研究的社会特有的感知类别，以及行动的逻辑。这一取向尤其能使我们从行动者的角度重新审视历史进程的构建。由卡洛·金兹伯格推广的线索或迹象的概念（le « paradigme indiciaire »），也以关注意味深长、有时反常的小事为特点。个人的轨迹得到细致研究，例如乔瓦尼·列维（Giovanni Levi）笔下的皮德蒙特的驱魔神甫②，这丰富了对人物传记的反思。

　　在更普遍的意义上，随着1945年后结构史与社会史模式的衰落，"事件"这一术语重回社会科学当中，因而弗朗索瓦·多斯将他的一卷专著题名为《事件的复兴》（*Renaissance de l'événement*，2010）。让－路易·法比阿尼（Jean-Louis Fabiani）强调这既是一次革新的希望，同时也可能是一场倒退。将某一较为明晰的事件作为研究的中心的作品在不断增多，而这样的事件有可能使人把握某个

---

① *Méthodes quantitatives pour l'historien*, Paris, La Découverte, 2008, p. 16.

② *Le Pouvoir au village*, Paris, Gallimard, 1989 [1985].

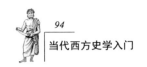

社会的运作方式、某些更为具体的议题，甚或多重叙事或回忆的建构，贝尔纳·格内（Bernard Guenée，1927—2010）一部著作的标题便已揭示这一点：《一场谋杀，一个社会：1407年11月23日奥尔良公爵遇刺》（*Un meurtre, une société. L'assassinat du duc d'Orléans, 23 novembre 1407*）[①]。严格来说，真正关于谋杀的叙事只是该书的引子。

2. 微观与全球

从世界尺度来把握历史的想法一直萦绕于古代作家和历史学家的心中。在今天，对于世界史和全球史（l'histoire mondiale et l'histoire globale，la World history ou *Globalgeschichte*）的反思，也有益于对史学范畴的更为全面的思考。

中世纪的普世编年史文类，受凯撒里亚的尤西比乌斯（约265—340）著、由杰罗姆（约347—419/420）译成拉丁文的编年史的启发，将人的历史置于基督教救赎和上帝应许的时间之中，这种历史自创世纪以来逐步展开，尽管编年史作者在新近的部分经常探讨自己国家的历史。从早期基督教时代开始，历史分期就将基督降生作为讨论最多的最后一个时代的开端，从而标出普世史的节奏。到了近代，怀有书写一部天命论"普世史"之雄心的历史学家明显也受到"地理大发现"的刺激。在18世纪，普遍史的神学色彩减少，变得更加博闻多识（在德国如奥古斯特·路德维希·施洛策尔 August

---

① Paris, Gallimard, 1992.

Ludwig Schlözer，1735—1809），并且经常带有一种对面对自然的"人性"的反思（孔多塞，1743—1794）。"普世史"一词包含对历史发展规律的反思，这是一种历史哲学。对专业化的呼吁意味着讲求方法论的历史的确立，也意味着这类宏大方案要受到批判，尤其是批判那种半吊子主义（因为它不可能既包罗万象又认真严肃）。

从 20 世纪 80 年代开始，一种经常被称为全球史的新世界史蓬勃兴起，它很大程度上与以往具有规范性抱负的世界史和普世史方案决裂，这尤其因为这些方案通常以某一特定的文明，首先是西方文明为中心来追求普遍性。[①] 新世界史的本质并非仅仅在于深受全球化影响的广阔视野，也在于对欧洲中心主义的拒斥，进而平等地考虑欧洲之外各个社会的不同历史性。由印度历史学家狄佩什·查克拉巴蒂（Dipesh Chakrabarty）提出的"将欧洲地方化"（Provincializing Europe）是一个经常被引用的口号，而帕特里克·布琼在宏大的《15世纪世界史》（*Histoire du monde au XVe siècle*，2009）的一开始就呼吁"视线的去中心化"（décentrer le regard）。这些建议的早期效应之一，就是拒绝从"欧洲的扩张"或"地理大发现"的命题出发进行推究，因为这些取径看待任何联系似乎都是从欧洲出发，欧洲面对的是被动地等待别人来"发现"的其他社会。

全球史在 20 世纪 80 年代开始制度化，其影响力不断壮大：1982 年世界史协会创立，2006 年《全球史杂志》创刊。因此，我们

---

① Cf. *Die Vergangenheit der Weltgeschichte. Universalhistorisches Denken in Berlin 1800-1933*, Göttingen, Vandenhoeck & Ruprecht, 2010.

可以理解，与微观历史一样，尺度游戏不仅仅是一个范围问题，而且涉及取径本身的诸多问题。当人们提出全面的次序问题时，就尤其涉及如何在几种尺度之间建立联系。在这些标签下开展的一些研究旨在衡量不同社会之间的演进，它们并不预先假定西方的政治形式更为发达或更为复杂。例如，彭慕兰（Kenneth Pomeranz）假设欧洲和中国在 18 世纪出现了一种可以比较的发展，进而分析了欧洲与中国之间因为工业革命而出现的分流。[①] 其他人从微观视角出发来重建"全球"，例如塞尔日·格鲁金斯基（Serge Gruzinski）在一本标题意味深长的书——《那里现在几点了？》（*Quelle heure est-il là-bas?*）中，从墨西哥城和伊斯坦布尔两个城市中编撰的一些文本出发，探讨了 16 世纪在这两个城市之间的相互感知。[②]

涉及世界经济、离散与移民，以及这些移动与环境的联系（植物、病毒等的传播）的取径极富活力。在它们中间，所谓的"关联史（connected history）"别具一格，20 世纪 90 年代，它以围绕早期相遇（连接）时期的探讨而崭露头角，在这类探讨中，每个行动者被置于同一层面来论述，桑贾伊·苏布拉马纳姆（Sanjay Subramanyam）关于瓦斯科·达·伽马和葡萄牙帝国的研究尤为突出。在同样的思路之下，罗曼·贝特朗（Romain Bertrand）意在引入一种"对称的"（symétrique）历史，一段"平分"荷兰人与马来人、

---

① *The Great Divergence: China, Europe, and the Making of the Modern World Economy*, Princeton, Princeton University Press, 2000. Traduction française, *Une Grande divergence. La Chine, l'Europe et la construction de l'économie mondiale*, Paris, Albin Michel, 2010.

② Paris, Le Seuil, 2008.

爪哇人在 16 世纪末和 17 世纪相遇的历史。这一雄心涉及使用相遇两方的史料，同时保持各方的独特性与世界观，在不预设任何"老生常谈"的前提下，确定各方如何用自己的坐标来打量对方，并由相遇中的行动者表达自己的感知。关联史还提醒我们，在欧洲人以外，其他地方的人们还有很多其他的接触，欧洲人往往只是其中一个关系方，有时激不起什么兴趣。[①]

所有这些研究都特别关注"混合"和"杂交"（hybridation，métissage）的进程，其中甚至不乏关于两个术语的用法的争论。全球史的发展也促使学界以当代思想来重新审视更加古老的时期，找寻全球化中的关键历史阶段——如 13 或 15 世纪的"早期世界化"，这不仅激发了年代学方面的争论，也引发了关于当时的行动者可能存在的对"关联"的感知的讨论："全球化"能否仅仅作为一种当代特有的现象？当然也存在这样的风险，即以某种今天的理想主义来夸大流通、流动性和网络的意义。

3. 后殖民与庶民研究

全球史的发展与后殖民研究的发展相伴而行，二者之间并非没有争论和交集。后殖民研究这一术语并不明晰。这首先是因为关于它仍然存在激烈的争议，但也是因为看似清晰的时间维度——关于前殖民地国家独立后的作品——并不清楚。后殖民研究在 20 世纪 70

---

① *L'Histoire à parts égales. Récits d'une rencontre Orient-Occident, xvie-xviie siècle*, Paris, Le Seuil, 2011.

年代末期形成，经常表现为一种理解以前殖民地世界的文学与文化的特定方式。在守护神般的形象——例如爱德华·萨义德（Edward Said）及其受福柯影响的《东方学》（1978），以及印度批评家霍米·巴巴（Homi K. Bhabha）——之后，后殖民研究立足于对欧洲中心主义和一种为统治者左右的殖民史书写的尖锐谴责，它尤其追求找回被殖民者的话语及其表达条件。诚然，在非殖民化之前，历史学家大大促进了与治理密切相关的一种"殖民科学"的合法化。①因此，有些"后殖民主义者"宣称，殖民计划位居西方文化生产的中心，虽然有时并不言明，这种生产很可能夸大了启蒙或共和国方案的统一性的价值。②作为解构和"语言学转向"之标志的文本批判是后殖民主义论著的核心。文学学科（disciplines littéraires）实际上是这一研究方案的核心，尽管所有的人文社会科学被引入其中，而且有人提出一项"不协调的跨学科事业"以及"激烈且活跃"的争论。③人们仍然质疑，赋予话语和文化事实的分析以重要性是否会忽视经验的社会印记。一些批判性的观点认为，后殖民主义宣扬的理念是某种"泛化的殖民主义"和一致化的西方。

在后殖民研究运动中，庶民研究这一潮流引人注目，它在今

① S. Dulucq, *Écrire l'histoire de l'Afrique à l'époque coloniale*, Paris, Karthala, 2009; S. Awenengo, P. Barthélemy, C. Tshimanga(dir.)*Écrire l'histoire de l'Afrique autrement?*, Paris, L'Harmattan, 2004.

② F. Cooper, *Le Colonialisme en question. Théorie, connaissance, histoire*, Paris, Payot, 2010 [2005].

③ B. Parry, « L'institutionnalisation des études postcoloniales », in N. Lazarus (dir.), *Penser le postcolonial*, Paris, Édition Amsterdam, 2006, p. 139.

天的印度和英语大学世界中非常活跃，特别立足于对殖民领域内的
主导史学的批判。庶民研究不同于歌颂殖民者的历史，或者（印
度）民族主义诞生的（资产阶级）宏大叙事，它的支持者们依据从
种姓到职业的多种标准，揭示并研究一个"在庶民的世界中政治行
动的自主领域"，也就是说绝大多数人口的世界。[1] 在印度史家、马
克思主义批判家拉吉纳特·古哈（Ranajit Guha，后来被他的团队接
替）的推动下，《庶民研究》（*Subaltern studies*）在 20 世纪 80 年代
兴起，然而在这十年结束之时，这类研究与原初的计划相比也发生
了转向。它从一种批判的社会史出发，借助口头传统，注重对西方
历史叙事开展批评，从而接近"语言学转向"。一种按照上述视角对
史料和档案的细致重读，以及一种对殖民史书写的批判，居于古
哈及其学派计划的中心。[2] 但是"庶民主义"也出现在其他领域的
共鸣中，例如中世纪农民史，在这里无声之人构成了人口中的压
倒性多数，然而他们的踪迹总是被他者——教士、编年史作者和贵
族——规范化。

[1]　I. Merle, « Les Subaltern studies. Retour sur les principes fondateurs d'un projet historiographique de l'Inde coloniale », *Genèses*, 56, 2004, p. 139.

[2]　Ibid.

第七章

革新领域的一个个例：战争史，和平史

似乎有必要用一章的篇幅，以聚焦的方式专门讨论一个特定的历史领域，那就是战争史领域。关注其他领域当然也同样合理。但我们的选择至少有三个原因：首先，这是一个我们已经广泛涉猎的领域；其次，战争史能够使我们以一种更加精确的视角来重新审视迄今为止所接触到的所有争论和问题；最后，这是一个从 20 世纪 90 年代以来不断更新的领域。

一、一种独特的历史？

除了在普遍历史中的地位外，战争和战斗的历史本身一直是历史学家的主要研究对象。事实上，直到今天，军事史也涉及军人本身。在此，战斗史是"人生的导师"：从过去的战斗中可以为现在的军事与未来的战斗吸取教训。这是一种面向实际目的的历史。马克·布洛赫这样描写军人："他们或许是迄今为止唯一有意地试

图将我们的研究运用到实际目的中的行动者。"（1937）① 例如，在19世纪末的德国，战争史的各个院系隶属于总参谋部。它们主导着军事史的书写。伟大的大学历史学家汉斯·德尔布吕克（Hans Delbrück，1848—1929）在其著作中与这些参谋部的历史学家展开了激烈争论：不仅关于战略以及历史本身，也关于战争史学家研究的界定。德尔布吕克事实上批判了军方垄断这一研究题材的意图违背了时代精神，他尝试确立一种更加普遍、更为学术性并且更少英雄色彩的历史，将其作为普遍史中的一个特殊领域，与政治、经济、文化这些其他领域联系起来："历史在实践中能服务的正是军事事务。我只是一名历史学家，我的工作面向历史之友，它被写下来以帮助那些贯彻利奥波德·兰克之精神的历史学家。"②

在美国，学术性的军事史直到20世纪30年代才逐渐确立起来，与此同时，军事题材的大众读物依然丰富。内战史（1861—1865）首先是一个广受参战者欢迎的叙事，尤其是那些以前的军官。在盎格鲁－撒克逊世界，军事学院赋予历史教学一个特定的位置，从此在两个领域之间建立了联系。很多研究战争事实的知名史家在这样的机构里教书，例如约翰·基根（John Keegan），这一领域最重要的史家之一，就在桑德赫斯特（皇家军事学院）教书。

---

① « Que demander... », art. cit., p. 5.

② *Geschichte der Kriegskunst im Rahmen der politischen Geschichte* vol. I, 1900, cité in S. Lange, « *Hans Delbrück : Der Kritiker der Kriegsgeschichte* », in H. Ehlert(dir.), *Deutsche Militärhistoriker von Hans Delbrück bis Andreas Hillgruber*, Potsdam, Militärgeschichtliches Forschungsamt, 2010, p. 17.

在大学里，这样的军事史也引发了长期的质疑，要么被认为是一个过于具体、面向实践的领域，要么容易招致方法论薄弱、偏好轶事和政治保守主义的质疑。因此，直到第二次世界大战后，军事史一直处于大学的边缘，当然各个国家和不同的年代会有所不同。它只是在融入整个学科的问题时才逐渐被加进学术课程当中。而过去德尔布吕克找不到一个专门讲授战争的教职。

长期以来，军事史的确主要被视为一种战略和战术的历史。在这种军事史中，战役和战斗以一种整体的视角被研究和分析，尤其是统帅的视角：战役的目标、大部队的行动计划的实现、结果的评价（一场战役的胜利或失败，一场"关键"与否的战役）。这一类型的军事史在今天仍然活跃，它与一种制度和政治史学以及某种意义上的"自上而下的"历史联系在一起，在这里指的是战时内阁或战场指挥部里的那些重要决策者。经常很突出的一点是，主要由军人或历史学家 / 军事作家撰写的战役历史赋予制度机构以支配性地位，这种历史在具有军事传统的大国的民族传奇中占有重要地位。战争在民族建构中被赋予关键角色或一种象征使命。它们曾经——并且依然是——以史诗的方式来呈现。在这一视角下，有些战役被史学分析为"记忆之场"（lieux de mémoire），比如法国的阿莱西亚（指恺撒征高卢时期与维钦托利 [Vercingetorix] 在此地的战役）或凡尔登，对于德国来说是坦能堡或斯大林格勒（见下章）。不过，最近的很多研究都尽量与此类认同神话、对解放战斗的英雄主义的热情解读保持距离，其中就有第二次世界大战的奠基性事件，例如有关 1940 年不列颠战役的神话：英勇的英国皇家空军飞行员与一个超级强大的

敌人作战的神话，"以一敌百"（few against the many）。①

因此，军事史首先因为其各种先决条件，与 19 世纪以来历史科学所经历的每一次革新都联系不足。不过，战争史与社会科学之间的联系从 20 世纪 70 年代开始得到发展，特别是在美国。

20 世纪 60—80 年代，在大学历史学家中间，战争往往是根据那个时代的问题意识来处理的，很大程度上是经济与社会史的问题。因此，冲突与经济变迁、工人阶级的历史、工会运动联系起来，例如美国的杰拉尔德·费尔德曼（Gerald Feldman）、德国的于尔根·科卡（Jürgen Kocka）和法国的让 – 路易·罗伯特（Jean-Louis Robert）对世界大战的研究。

二、一种新的冲突史？

在过去三十年里，研究方法的继续演进导致史学上提出了一种"新战争史"（nouvelle histoire-bataille），它既摆脱了使用这个词就像一个污点一样所传递的负面形象，也脱离了自上而下审视战斗史并将其嵌入一个简单的制度和事件叙述的现实。例如，在国防史研究中心——后来被纳入 IRSEM（军事学院战略研究所，Institut de Recherche Stratégique de l'Ecole Militaire）——举行过一场题为"新战争史"的研讨会，希望在很大程度上整合所有的史学新趋势，"调和'新史学'与'战争史'、事件、'长时段'以及'结构'"。② 这些讨

---

① R. Overy, *The Battle*, Londres, Penguin, 2000.

② *Cahiers du cehd*, 9, 1999, et 23, 2004.

论在不断拓展。约翰·基根断言："战争是一种文化行动。"①

1. 新趋势

军事史新趋势的首要中心在于对历史叙述的反思和对战争对象的质疑。什么是一场战役或一场战斗？而且这里也有类型和分类的问题。答案比看上去更加复杂和开放。描述战役的叙事，尤其是早期叙事，在定义与命名战役的斗争中扮演了某种角色，也影响了对战役空间范围甚至其年代学的确定，以及对某个重要角色的淡化或突出，所以此类叙事经常带有它们期望揭示的利害关系。早在 1941 年，英国空军部出版了一本 32 页的小册子来赋予不列颠战役传奇的光环，这本小册子已经发行了上百万册。②对"战役"对象之构成本身的思考表现在一项关于贵妇小径③（le Chemin des Dames, 1917）的集体研究中。这一大型进攻的失败——尽管它曾被寄予厚望——使法国评论家对如何命名它犹豫不决，特别是为了提供尽可能少负面印象的版本。从一开始，主流话语就试图最小化失败，或将失败转化为局部胜利。叙述"贵妇小径"的困难还在于士兵叛乱在之后的历史书写中继续存在（战役在这里常常微不足道），并且纪念活动既谨慎又复杂。因此，"贵妇小径"可以被称为"无形的事件"

---

①　*Histoire de la guerre*, Paris, Dagorno, 1998 [1993], p. 10.

②　R. Overy, *op. cit.*

③　贵妇小径位于法国埃纳省，全长约 35 公里。在第一次世界大战期间，它重要的战略位置导致交战双方对其控制权的反复争夺，1916—1918 年间它是西方战线著名的尼维尔攻势的主要战场。——译者注

（événement sans forme），因为它所展现的地理范围和时间跨度随话语和争论而变。①

在这些思考之外，"新战争史"还在观察的场域和尺度上发生转向。它更加关注"自下而上视角的"（vue d'en bas，from below）战争，德国史学称之为 von unten。随着约翰·基根研究阿金库尔（1415）、滑铁卢（1815）和索姆河（1916）的非常瞩目的著作的问世，士兵的战斗经验，他们的亲身参与、作战方式以及对战争的感受成了探究的中心（*The Face of Battle*，1976）②。历史学家试图捕捉实地的战斗，了解战斗人员的动机，以及他们在战斗中的行为，无论是技术姿态、情感、心理反应（如恐惧），还是暴力行为，包括在最古老的时期。因此，维克多·汉森（Victor Hanson）对古希腊战争的深入研究追踪了古希腊重装步兵，从城邦到战场上的死亡，其间包括军事行动的各个阶段。③

这样的取径也促进了对如下问题相关史料的重视，例如士兵本人产出的史料——对同时代的见证（信件、记事本）。斯文·奥利弗·穆勒（Sven Oliver Müller）就研究了德意志国防军（Wehrmacht）士兵的民族主义形式，以及"民族共同体"（*Volksgemeinschaft*）这一概念的影响和效应。④ 新的研究事实上消除了战斗对象的隔阂，以

---

① N. Offenstadt (dir.), *Le Chemin des Dames, de l'événement à la mémoire*, Paris, Stock, 2004.

② Traduction française, *Anatomie de la bataille*, Paris, Robert Laffont, 1993.

③ *Le Modèle occidental de la guerre*, Paris, Les Belles Lettres, 1990 [1989].

④ *Deutsche Soldaten und Ihre Feinde*, Francfort, Fischer, 2007.

便将士兵置于他们的社会、时代、信仰和行为方式当中：这是与涉及各个领域的多种文化史革新之间富有成效的融汇，尽管并非毫无争议。它也拓展了战斗的政治意涵。战役被纳入长时段之中，不仅是其他战斗的长时段，而且是能够决定它们的文化模式的长时段。[①]性别史的发展不仅引发了对女性在战争中作用的质询，也开启了关于男子气概建构的探究，对男性气概而言，战争是一个至关重要的领域。

2. 暴力

战争史的革新处于更为普遍的、对有关暴力（特别是战争暴力）的历史考察之中。（社会）暴力史同样被置于国家史中加以思考，如克劳德·戈瓦尔（Claude Gauvard）对中世纪的研究。阿兰·德韦普（Alain Dewerpe）关于 1962 年 2 月 8 日抗议示威及其领导下的夏罗纳地铁大屠杀的研究，乃是这类取径的代表作。[②]在阿尔及利亚战争期间，在一次反对 OAS（秘密武装组织）暴力的示威活动中，警方出警杀害了 9 名示威者，引发了极大的骚动。德韦普首先详细地梳理了这些事实，并且证伪了事件的警方版本。该书反对任何相对主义，它"描写了一个独特的事件"，"1962 年 2 月 8 日在伏尔泰－夏罗内十字路口发生的一些事"。但这位史家并没有就此止步：他提出了一种有关警察和国家的社会学，使人们能够理解镇压与暴力。正

---

①　J. Lynn, *De la guerre*, Tallandier, Paris, 2006 [2003].

②　*Charonne 8 février 1962. Anthropologie historique d'un massacre d'État*, Paris, Gallimard, 2006.

如该书副标题所说的："关于一场国家屠杀的历史人类学"。该书也证明了事件在历史中的复兴方式，德韦普写道："我在此想要使人们相信，最独特的专著可以用它自己的方式推动对非常普遍的现象的解释，这些现象超出了事件，但可以对其进行研究。"

和每次史学演进一样，当今对冲突和暴力的关注既与学科本身的发展有关，也与全球环境相关联，后者突出表现为从 20 世纪 90 年代开始，战争和新式犯罪在西方国家门口的增长：南斯拉夫、苏联、海湾战争……这尤其包括关注那些罪犯（perpetrator），致力于追踪他们的路线和动机（克里斯托弗·布朗宁 [Christopher Browning] 对 1942—1943 年间东方战线①中第 101 号警察营的研究即是如此），以至于人们现在称之为"罪犯研究"（Perpetrator studies，Täterforschung），它不乏激烈的争论，特别是在劳尔·希尔伯格（Raul Hilberg）的巨著之后围绕纳粹罪行的争论。在这里，我们可以看到这些新趋势是如何反映尺度变化的（见第六章）。

历史学家们通过新视角重新审视国内战争或内战：丹尼斯·克鲁泽（Denis Crouzet）研究宗教战争，让 – 克劳德·卡隆（Jean-Claude Caron）研究 19 世纪国内战争的概念及其应用。在军事冲突的角度下，殖民化也受到了重新审视，尤其是殖民者所施加的暴力，特别是关于西非的赫雷罗人大屠杀（Isabel Hull）。这样的问题在盎格鲁 – 撒克逊、德国和法国史学中同样活跃。对被压迫人民的压榨和暴行也与世界大战的暴力有关，甚至对德国来说，与纳粹大

---

① 指苏德战争。——译者注

屠杀有关（于尔根·齐美尔 [Jürgen Zimmerer]，本杰明·布拉德利 [Benjamin Bradley]），而这引发了激烈的争论。关于法国殖民暴力的解释亦是如此，尤其是阿尔及利亚的殖民暴力（围绕着奥利维耶·勒库尔·格朗梅松 [Olivier Lecour Grandmaison] 的文章），"残酷化 / 兽性"（brutalisation）概念同样引起了激烈的争论（由格奥尔格·摩瑟 [George Mosse，1918—1999] 提出）。第一次世界大战期间形成的总体战（全面战争，guerre totale）概念也引起了新的讨论，这些讨论或者针对将其应用于更早的冲突，特别是大革命与拿破仑时期（大卫·贝尔 [David Bell]），或者质疑其用途和局限，甚至分析框架的必要变化（例如对冲突总体化的反思比"总体战"这一固定概念更富过程性，约翰·霍恩 [John Horne]）。

在历史书写中，人们是通过反响、影响和局面来理解战斗、战役和暴力的。从这一视角来看，乔治·杜比关于 1214 年布汶战役的作品（1973）[1]代表着一种断裂，并且与基根的作品一样重要。这位中世纪史研究者至少从三个视角来把握 1214 年的这场战役，首先是将其置于中世纪世界战争与和平的关系之中（"战争的社会学"），然后是将其置于编年史作家和史料的叙述当中，最后是结合传奇建构的视角，这种构建一直伴随着叙述，直到 20 世纪（例如菲利普 – 奥古斯都与其臣民在这场战役中的联合）。

因此，战役 – 历史的发展很大程度上是战役 – 记忆的发展，卢西特·瓦朗希（Lucette Valensi）关于所谓 1578 年摩洛哥三王之战（葡

---

① *Le Dimanche de Bouvines, 27 juillet 1214*, Paris, Gallimard, 1973.

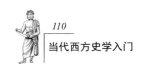

萄牙的塞巴斯蒂安与穆塔瓦基勒 [Muhammad al-Mutawakkil] 结盟对抗后者的叔叔——土耳其人支持的阿卜杜勒 – 马利克 [Abd-al-Mâlik]）的著作① 就证明了这一点，该书试图抓住"胜利者和战败者如何看待这一事件"。这项调查也在摩洛哥的犹太人和讲葡萄牙语的巴西人中间进行。这一视角同样被用来考察 1914—1918 年间的众多战役，例如前文提到的对贵妇小径的研究。因此，军事史现在很大程度上被纳入一系列当代史学设问（这里包括性别问题）当中。

3. 和平

相较之下，和平化的方式与和平主义史学从未在法国的历史书写中占据中心地位。在盎格鲁 – 撒克逊、斯堪的纳维亚国家以及德国，则是另一番景象。差距在于不同社会的历史、政治、社会和宗教构造：无论是强调政治和公民自由的传统，还是强调新教在致力于和平方面的特殊性，抑或是强调战争和纳粹主义在德国的分量，后者引发了德国史学重新审视当时表达的一些对立方案。因此，从 20 世纪 50 年代开始，上述国家的和平研究（*Peace studies / Friedensforschung*）走向正式化，这些社会科学研究的子领域与进步主义的政治承诺建立起联系。这些研究的历史部分很晚才发展起来。最近成立了一个和平史家的欧洲研究网络（和平史家网络，Network of Peace Historians），同样以上述这些主要国家为标志。人们通常根据欧洲构建的目的论视角来研究从 19 世纪到 20 世纪 50

---

① *Fables de la mémoire*, Paris, Le Seuil, 1992.

年代的和平主义，它处于一种不断增加所谓的"先驱"的史学潮流当中，和平史属于国际关系，并且常常以外交史的方式来思考。然而，与战争史一样，最近的发展使得和平研究与流行的潮流更为接近了。它们变得多样化并且远离了英雄主义色彩的历史。它们也纳入了更广泛的群体（如富有斗争色彩的和平主义的社会运动、对把握女性与和平建构相当有用的性别史、战争与和平的交织等等），并与战争实践以及普遍的政治与社会实践更好地联系起来，包括对古代战争的研究，以及多米尼克·巴泰勒米（Dominique Barthélemy）对中世纪规制暴力的研究，或奥利维耶·克里斯丁（Olivier Christin）和耶利米·福阿（Jérémie Foa）对宗教战争的研究……

第八章

记忆、斗争和历史

　　人们说，历史学家并非有序记录过去并且讲述事实的电脑。他们是处于一个时代、一种特定技术状况中的主体，面对着或多或少紧迫的、能够触及他们的政治或宗教信仰以及他们自身经历的公共或政治问题。他们的研究和取向无法跳脱这些影响。在 20 世纪 60 年代的一本方法手册中，比利时历史学家莱昂·哈尔金（Léon Halkin）对相关问题的表述更为平和："费内隆（Fénelon）……希望优秀的历史学家不是'来自任何时代或任何国家'。这样的愿望不切实际，甚至不合理！每个人都属于一种环境，这种环境有时在不知不觉中赋予其道德范畴和政治要求。历史学家中最独立之人也无法逃脱这份遗赠，因为这遗赠就是生活本身。"[①]然而，意识到客观制约并不导致放弃不偏不倚、与其研究保持距离的努力。在《为历史辩护》"判断还是理解？"一节中，马克·布洛赫回顾道，价值判断在历史学家的工作中意义不大，特别是因为对于过去"我们无能

　　① *Éléments de critique historique*, Liège, Dessain, 1966, p. 26-27.

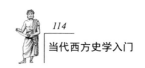

为力",并且任何衡量标准都是高度相对的。尤其是,"人们会因为总是在判断而最终几乎致命地丧失解释的兴趣"。在一战期间,马克斯·韦伯对于历史学家的工作过分地为德国服务表现出了相似的忧虑:"一旦科学家发表本人的价值判断,对事实的充分理解就告停了。"① 然而,历史学家的客观性愿望遭受了多种批评,尤其是在马克思主义传统中。在今天,后现代主义(与"语言学转向"连在一起)以批判、向未来开放和叙述多元性的名义,驳斥"客观性"奢望,以及保守的和男性的立场。②

特别是在今天,历史学家面对着他们的社会中对过去的多种用途,而这些使用不仅仅是专业人士的事。在过去几十年中,随着教育高度民主化、休闲时间增加,随着西方民主体制的稳固,利用过去的能力大大提高,无论是研究过去、重演过去,抑或是日益频繁地再现过去、展示过去。在盎格鲁-撒克逊世界,人们将非学术的、非学院派的历史运用称为"公共史学"(public history),例如历史博物馆和历史节日、过往时代中举行的游戏、地方史的实践等等。这一表述也适用于 20 世纪 70 年代向非职业人士开放(公众参与)的历史实践运动:立足于英国成人教育的进步主义传统的历史工作坊(History Workshop)、德国的历史工作坊运动(Geschichtswerkstätten)……对于历史学家自身来说,这种"应用的历史"(histoire appliquée,德语是 angewandte Geschichte),在诸如蒙

---

① M. Weber, *La Science, profession et vocation*, Marseille, Agone, 2005, p. 42.

② J. Scott, *Théorie critique de l'histoire*, Paris, Fayard, 2009, p. 32, 97. Voir plus généralement P. Novick, *That noble dream, op. cit.*

特利尔的魁北克大学，现已成为一些专门学位的研究对象。① 按照沃尔夫冈·哈特威希（Wolfgang Hardtwig）用来强调历史作为消遣这一维度的术语，这也是一种"被消费的历史"②，面对这样的史学，历史学家们很难去定位他们的实践。一些人比其他人更好地接受了这些交流。卡洛·金兹伯格写道："我总是尝试面向双重读者：专业人士和更广泛的民众。"③ 当它涉及传承时，不同社会中过去的在场通常被称为"记忆"，无论是单数的还是复数的（尤其是回想起过往的痛苦时刻与罪行，例如奴隶制、犹太人大屠杀……）

一、作为历史对象的记忆

因此，记忆是过去以不同方式在不同社会、不同社会群体或不同个人中间的在场，这是由每个记忆持有者的主体性和特有的利害关系塑造的。相较之下，历史是历史学家依据科学标准所报道的事件进程。历史带有一种普遍的使命，不掺杂信仰，独立于人的回忆。在提及社会群体的记忆时，努瓦里耶（G. Noiriel）写道："即使这些记忆传递的真相常常比历史学家的真相更加密集、更加强烈（因为更加接近亲身经历），它们也经常是有选择的、局部的、有偏见的记忆。"④ 因此，记忆将站在情感的一边，常常对历史学家带来的批

① J. de Groot, *Consuming History. Historians and Heritage in Contemporary Popular Culture*, Londres, Routledge, 2009.

② *Verlust der Geschichte*, Berlin, Vergangenheitsverlag, 2010, p. 18, 48.

③ *L'Histoire,* 360, 2011, p. 11.

④ G. Noiriel, *Penser avec, op. cit.*, p. 76.

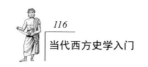

判分析无动于衷。但是这样的区分并非不容置疑的，因为历史学家本身就处于记忆问题当中，无论是参与记忆的定义，还是被身份岌岌可危的持有者当作证人。

当然需要区分几种记忆的形式。个体记忆远远超出了历史的范畴，涉及神经科学，而官方"记忆"与国家的纪念政策（纪念、庆祝）相对应，这些政策通常将历史视为国家凝聚力的一个因素。在这一方面，法国大革命两百周年（1989）构成了一个重大时刻，它与多重问题（尤其是史学问题）交织在一起，凝结了研究这一事件的两大流派之间的争论，一方是受马克思主义影响并扎根于社会史的所谓的"雅各宾主义者"，以米歇尔·伏维尔为代表，另一方是强调观念与政治文化史的自由主义者与"修正主义者"，以弗朗索瓦·孚雷（François Furet）为核心。①

涂尔干派社会学家莫里斯·哈布瓦赫在其作品的一部分专注于强调社会特征的"集体记忆"（mémoire collective）的研究，这一特征与当下的关切、个体记忆以及回忆都有关联。在他之后，好几位社会学家呼吁一种记忆的社会学，它将个体置于他们所处的社会结构与性别结构之中，关注生平轨迹，不仅重视传递的形式与过去的公共用途，而且相较于关注"为什么"（例如公共空间的问题），更加关注"如何"（挪用的形式）。这种记忆的社会史着重通过民族志

---

① Voir les travaux de Patrick Garcia, et la grande enquête de Steven Kaplan, *Adieu 89*, Paris, Fayard, 1993.

和实地调查，将记忆的表达置于其社会环境中。[①]

　　我们刚刚从布汶或三王之战的例子中看到，在今天，一起事件的痕迹和记忆本身成为历史的一个研究对象。在分析之前提到的夏罗纳事件之后，阿兰·德韦普详细研究了学校教科书中关于 1962 年 2 月 8 日的记忆与痕迹。这也意味着对遗忘的形式、忽视和掩饰予以关注，例如在夏罗纳事件里的司法政策和国家纪念中的遗忘。从 20 世纪 80 年代开始，单数记忆与复数记忆的历史成为非常活跃的领域，这与更为普遍的局势相关。在当代西方社会，期待视阈似乎更加模糊，更少立足于集体政治计划，"记忆"的地位显得越来越重要。

　　从 20 世纪 70 年代开始，对过去的需求主要通过地方记忆和民俗博物馆表达出来。在德国，哲学家赫尔曼·吕贝（Hermann Lübbe）在 1979 年关注过去的"认同展现"（présentation identitaire）功能，之后电视连续剧《故乡》（*Heimat*）于 1984—1985 年开始放送，这是一部 1919 年以来的家庭史，吸引了 2500 万名电视观众。[②] 遗产同样成为文化政策与活动的关键问题，在法国，在遗产署（1978）和"民俗遗产使命"（La Mission du patrimoine ethnologique，1980）问世不久之后，遗产日（les journées du Patrimoine，1984）大获成功。安托万·普罗斯特这样总结道："抛弃变得不可能。破坏更是如此。"[③]

---

　　① S. Gensburger et M.-C. Lavabre, « Entre "devoir de mémoire" et "abus de mémoire" : La sociologie de la mémoire comme tierce position », B. Müller dir., *l'histoire entre mémoire et épistémoloqie*, Lausanne, Payot, 2005, p. 75-96.

　　② A. Lattard, *Histoire de la société allemande au xxᵉ siècle, II La rfa*, 1949-1989, Paris, La Découverte, 2011, p. 105-106.

　　③ A. Prost, *Douze leçons, op. cit.*, p. 302.

与此同时，皮埃尔·诺拉（Pierre Nora）着手进行其探究"记忆之场"（Lieux de mémoire）的项目（在 1984—1992 年间出版）。诺拉集结了约一百名历史学家，试图清查法国的"记忆之场"（这一术语具有一种宽泛的象征性含义），既抽象又具体（纪念碑、纪念仪式、像历史学家拉维斯这样的民族人物、诸如《两个孩子的环法之旅》[*Le Tour de la France par deux enfants*] 这样的经典著作等等）。这一方法已经被其他国家采纳，尤其是在德国（*Deutsche Erinnerungsorte*，2001，德意志的"记忆之场"，既包括皇帝在卡诺莎的屈服[1]，也包括柏林墙），甚至更近的、专门针对民主德国的研究（*Erinnerungsorte der ddr*，2009，民主德国的"记忆之场"[2]）。但是，诺拉的事业也引发了批评和质疑，人们怀疑它维系或重续了某种或明或暗的民族神话。[3] 这位历史学家在确认"社会 – 记忆"的终结的同时，高扬"法兰西与一个没有民族主义的民族的重逢"，而重逢以"记忆 – 遗产"为中心，后者就像一张因应新形势的"民族认同"的财产清单。

二、民族传奇的批判与"记忆的滥用"?

事实上，在过去四十多年里，我们在第三章中看到的"民族传奇"遭到了来自各方的攻击。有人批评它压抑了地区特性，对社

---

① 指 1077 年神圣罗马帝国皇帝亨利四世请求教皇格里高利七世的原谅。——译者注

② M. Sabrow (dir.), Munich, Beck.

③ Voir S. Englund, « Note critique : lieux de mémoire en débat », *Politix*, 26, 1994, p. 141-168, et L. Valensi, « Histoire nationale, histoire monumentale. Les Lieux de mémoire (note critique) », *Annales hss* 6, nov-déc 1995, p. 1271-1277, pointant le risque d'un « monument néolavissien ».

会和政治紧张做最小化处理，有时甚至掩盖了它们，最近还批评它对宗主国、土著和移民之间关系的殖民主义解读（见苏珊·希特隆[Suzanne Citron] 的开创性思考）以及对男性统治的认可。当代史家提出，民族常常是一个比其表面上看起来更加新近的建构，政治领袖、学者或作者的话语对一个民族的存在至关重要（安妮 – 玛丽·蒂塞 [Anne-Marie Thiesse]，帕特里克·格里 [Patrick Geary] ），共同体也是"想象的"（本尼迪克特·安德森 [Benedict Anderson] ），传统是"发明的"（霍布斯鲍姆和特伦斯·兰格 [Terence Ranger] ）。他们强调，早期的领土构成远远没有勾勒出当下的轮廓，其他的概念，如帝国（一种在 19 世纪仍然占主导地位的结构），也以更加灵活的忠诚与"隶属"关系，定义了思想和统治的形式（罗曼·贝特朗）。

"记忆"的确认（集体或共同体，犹太人的、安的列斯人的、阿尔及利亚法国人的记忆等等）促进了宏大叙事母体的分裂，与此同时，在 20 世纪 90 年代，"记忆的责任"（devoir de mémoire）一词被用来表明国家集体有责任回忆过去的罪行和痛苦。自 20 世纪 70 年代以来，维希政权时期的历史激起了很多关于记忆的争论和问题，特别是在 20 世纪 80—90 年代，对那一时期的责任者——德国人克劳斯·巴比（Klaus Barbie）或法国人保罗·图维耶（Paul Touvier）——的大诉讼，引发了对历史学家在法官（有些人被称为法庭专家）面前的作用，以及历史作为一个司法问题的讨论。

然而，"记忆的责任"这一概念并非毫无问题，因为它可以支持对过去相对单义的、接近官方所呼吁的记忆的解读。它也表明，任何经历过暴力的群体认同都可以期待国家以某种形式将其载入

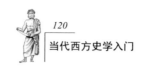

国家记忆。一些历史学家对此表示担忧，甚至过分的担忧，用国会议员克里斯蒂娜·陶比拉的话说（2007），这将是"记忆的末世论"（l'apocalypse mémorielle），这个术语谴责的是一种将问题过于简单化的看法，即总是让"记忆"服从于某些特别的策略目标。2005 年在法国举行的辩论特别围绕记忆的"法律"问题。2 月 23 日的法令"规定法兰西民族认可遣返回国的法国人（指从原殖民地返回法国本土的法国人）的贡献"，其中包括一个倡导讲授殖民之"积极作用"的段落，而这在教师和历史学家们看来是一种对他们职业的不正当的干涉。更广泛地说，捍卫历史自由（Liberté pour l'histoire）协会[①]和许多行动者都对有关过去的"法律"的恰当性提出了质疑。但是，这场辩论把所有涉及创伤性过去的法律都放在一起，无论是关系到谴责否认派的法律（具有刑事责任的 1990 年法令，这里指的是否认犹太大屠杀），还是涉及承认亚美尼亚大屠杀的法律（2001 年法令，简单提及）。这些法律可能会威胁到研究自由，因为它们会成为相关议题"社群化"（communautarisation，意思应该是某些社群垄断对某些事件的记忆）的工具（因而会认可记忆的"胜利"）。有些人将这些反应看作历史学家"因自己身份而生发的不安和恼怒"（une inquiétante crispation identitaire）。[②] 其他人则反驳道，在法国，研究并没有受到严重的威胁，而在很多非民主国家中情况并不是这样。因此，比利时历史学家安东·德·贝茨（Antoon de Baets）自行创立

---

① 2005 年在法国成立的反对记忆法的协会，2007 年开始由历史学家皮埃尔·诺拉担任主席。——译者注

② P. Boucheron, *Faire profession, op. cit.*, p. 59, 136.

了一个关于世界各地历史学家自由的警戒网络，从 1995 年开始每年撰写一份关于历史学家工作所受侵害的报告（www. concernedhistorians. org）。在法国，如针对历史之公共用途的监管委员会（2005 年在上述背景下成立）的一个历史学家论坛所强调的那样，对历史学家来说，风险似乎尤其表现在"对他们时代的挑战回应不佳，没有充分有力地对过去的工具化做出反应……我们被告知，历史不应在相互竞争的记忆的支配下进行书写。当然，这些记忆的确存在，并且没有人能够让它们保持缄默。"[1] 为反对记忆的"滥用"，利科提出了"公正的记忆"（une juste mémoire），这就提出了谁来判定诉讼的问题：是否有一些"记忆"比另一些更加正当？"记忆运作"（travail de mémoire）这一表述被不时提及，因为它更注重回忆的过程而非完成的记忆。

此外，我们如何假设一种"普遍记忆"（mémoire universelle）的可能性？这种"普遍记忆"将打磨所有遗产，包括受害者和刽子手的混合遗产，整合每一个个体以便惠及全部。"如果不通过一种官方历史的形式，如何能促成从存在分歧的过去中产生共识记忆？"[2] 这一问题已经在蕾蒂西亚·布卡耶（Lætitia Bucaille）对南非与阿尔及利亚冲突后局势的一项充分的比较调查中得到了证实。南非非洲人国民大会（ANC）早期战士的作用没有得到希望优先考虑和解的南非新政府的重视，而殖民结束后的阿尔及利亚使始终正面反抗殖民

① *Le Monde,* 7 novembre 2008.

② Gensburger, M.-C. Lavabre, *art, cit.,* p. 94.

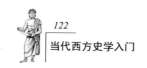

者罪恶的"圣战者"（moudjahid）成为引路人和国家英雄。因此，（他们）建立了"截然不同的模式，前者围绕宽恕发声，后者寄希望于怨恨"。[1] 无论好坏，南非的策略允许建立一种共享的叙事，尽管是最低限度的叙事，而阿尔及利亚的老对手，包括 OAS（阿尔及利亚战争期间极右翼的秘密武装组织），依然保持着他们对抗的愿景。但这些总体框架并没有塑造个体之间交流的所有形式。

诺拉认为，"记忆是分裂的，只有历史可以团结"，不过，更恰当的做法似乎是以一种对话性的叙事取代这种对立见解，这种叙事来自创造性的紧张、相互间的交流，甚至还有必要时各方的距离感和意见分歧。人们认为，记忆传递今后将构成一种研究材料，但交流也可以引发原创性的探究，带来富有成效的对话。此外，"记忆"问题远远超出了民族国家的框架和 20 世纪 70 年代以来的进展。丹尼尔·列维（Daniel Levy）和内坦·施茨纳德（Natan Sznaider）强调了纪念形式在多大程度上是去本土化的和全球化的，尤其是犹太人大屠杀的纪念形式。犹太人大屠杀纪念的世界化（*Kosmopolitisierung*）在与地方性解释的结合下完成，它超越了民族国家的框架，后者不拥有对记忆根基的垄断权。[2]

---

① L. Bucaille, *Le Pardon et la Rancoeur. Algérie/France, Afrique du sud : peut-on enterrer la guerre ?*, Paris, Payot, 2010.

② *Erinnerung im globalen Zeitalter : Der Holocaust*, Francfort, Suhrkamp, 2001.

三、历史与介入

人们当然懂得，历史学家必须思考他们著作的影响，以及他们在面对过去的多种用途时可能扮演的角色，在前面勾勒的当代格局下尤其如此。历史与政治、历史与公共空间之间的关系问题当然是不断更新的，它并不是一个新问题。15 世纪以来，国王们开始雇佣史官，甚至在这一职务存在之前，君主已经在依据盛行于自己时代的逻辑，让人书写其人民和领土的历史。伏尔泰也曾应王公贵族的要求撰写历史。我们已经看到，在法国和德国，历史学家职业的诞生带来了在权力面前具有自主性的学科建构，但与此同时，理性与立场的亲合给这种构建打上了很深的烙印。因此，对历史学家来说，介入问题成为一种原初的且基本的悖论。历史实践也使得人们一再去回味吕西安·费弗尔的问题——当世界"崩坏"之际，"我是否有权"去"研究历史"，因为有那么多看起来如此紧迫的其他问题 ①，更何况——借用马克斯·韦伯的观点——社会科学无法赋予生活行动任何特别的洞察力。下文的讨论将为这些质疑提供可能的答案。

1. 介入的形式

历史学家曾广泛参与为民族的合法性做辩护并塑造民族的运动。合法化的介入不仅仅取决于机构行动，也取决于特定历史的书

① L. Febvre, « L'histoire dans un monde en ruines », *Revue de synthèse historique* 1920, notamment p. 2-3, voir aussi O. Dumoulin, *Le Rôle social…*, *op. cit.*, p. 278.

写，取决于安妮－玛丽·蒂塞强调的"民族史"（histoires nationales）的作用。它们首先具备一种"公证的功能"，将民族与归属于奠基祖先的领土联系起来。但除此之外，它们必须"使身份的确定合法化……，界定哪些人口群体是民族不可分割的一部分，哪些不是"，哪怕需要修改来扩大民族的范围。根据这些原则，要想将民众融为一体，就必须融入过去："民族史因而发挥了建立亲属关系、勾勒父母姻亲网络的户口簿功能。"[1] 在某些情况下，这种合法化具有特殊的重要性。例如，德国历史学家在很大程度上参与了国家社会主义（即纳粹主义）的合法化——尽管战后他们陷入沉默并否认这一点，以致当时的大学被称为"自动跟进"（auto-mise au pas）。[2] 这不仅意味着继续进行教学"转向"，也同样涉及开展以纳粹为导向的研究项目，并且书写理论上很遥远，但浸透了某种风格、某种词汇——如民族、种族，甚至纳粹化的分析的课题，如中世纪史研究者奥托·布鲁纳（Otto Brunner）的著作，布鲁纳后来在概念史领域享有盛誉。简而言之，很多历史学家曾扮演了活跃的角色，发挥了主动性。[3] "这里没有德国的马克·布洛赫。"[4]

在当代民主国家中，这种合法化功能主要采取专业知识的形

---

① A.-M. Thiesse, « L'Histoire de France en musée. Patrimoine collectif et stratégies politiques », *Raisons politiques*, 37, 2010, p. 103-117.

② P. Schöttler (dir.), *Geschichtsschreibung als Legitimationswissenschaft*, 1918-1945, Francfort, Surkhamp, 1997.

③ Cf. W. Schulze et O-G. Oexle (dir.), *Deutsche Historiker im Nationalsozialismus*, Francfort, Fischer, 1999.

④ P. Schöttler (dir.), *op. cit.,* p. 11.

式。历史学家依据政权自身制定的标准（例如以报告的形式）来回应政权的要求。问题的关键之处和主题在资助者的行政或经济语言中被程式化。分析框架并不是问题，而是已然被接受的。卢克·波尔坦斯基（L. Boltanski）写道："从内部的视角来看，这一框架在现实的急迫需要中与现实混淆起来。"①

　　历史学家介入的第二种模式在于以世界观的名义（人们可以称之为定见）批评现状。最明显的例子就是"社会主义"史，或者是在共产党掌权成为官方史学之前的共产主义史学。这可能是一种不太制度化的历史书写意愿，它旨在服务于受害者、卑贱者和他们的斗争。因此，历史学家表现出一种平衡和一种补偿的意向。他们重视并展现多样化的生活史，那些在整体历史中没有位置的介入的历史。这是让·麦特龙（Jean Maitron）发起《法国工人运动传记词典》（*Dictionnaire biographique du mouvement ouvrier français*，第一卷于1964年，由劳工出版社出版）这项大型事业的主要动机之一，该词典一直在克劳德·贝纳捷（Claude Pennetier）的指导下进行。这也是日常生活史的众多维度之一，它同样促使历史学家探究自身作为行动者的地位。

　　最后，第三种介入模式是使历史科学实践本身成为一种介入。这是德雷福斯传统，当时那些老派写作的专家在对争议文件的分析中追求事实真相，从而以自己的才能服务于一种道义和司法真理。这也是法国被占领时期很多历史学家的辩白，对他们来说，不任凭

① L. Boltanski, *De la critique, op. cit.*, p. 23.

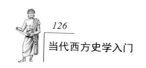
时代话语摆布而进行科学研究是一种抵抗。[1] 作为介入，这门科学的一种当代方式是在广大民众中间传播历史学家的研究成果，从而使广大民众获得一种批判的武器或工具，这被米歇尔·福柯称为"专门化知识分子"的任务（基于局部知识的行动），努瓦里耶也指出了这一点。这就使得由常识提出的问题具有了某种分析价值，并且使解构主导话语成为可能，以便将话语重新引向实践。质疑"证据"和现成的范畴，反对公共空间中的刻板印象，并为公民提供各种条件，使他们能在了解相关信息的前提下，自行判断那些他们面对的、看似理所当然的问题：这也是一种特别的社会–历史视角。

2. 历史学家的经验、介入和工作

在类型方面之外，还必须考虑历史作为一门学科是否为解决政治斗争或介入问题提供专业性。第一种回应是重新回到我们在第一章中谈到的时间关系当中。作为一门关注变化的科学，历史知晓权势正在转移，以及权力关系正在迅速逆转，尽管还不能断定什么引发了断裂。因此，瑟诺博司认为："一个受过历史教育的人，已经在过去看到如此众多的转型以及革命，以至于当他看到当下的一次（变革）时不再惊慌失措。他已经看到许多社会经历深刻的变迁，其中一些变迁在有识之士看来是致命的、糟糕到无以复加的。这足以治愈他对变革的恐惧以及像英国托利党一样固执的保守主义。"[2] 因

---

[1] O. Dumoulin, *Le Rôle social de l'historien, op. cit.*

[2] 1907, cité dans A. Prost, *Douze leçons, op. cit.*, p. 340.

此，历史可以提供一种判断所需的距离，可以避免被当代的斗争所淹没，安托万·普罗斯特对此说道："历史对介入当下之人来说是不可或缺的。"

不过，历史学家介入他们的时代（并没有预先假定斗争形式）也得益于他们的经验：如集体行动，如机构中的集体决策机制，都可运用于他们对过去类似形式的分析当中。一战期间亨利·皮雷纳在德国遭到驱逐和监禁，这就是为什么他在战后改变了他的观点，呼吁比较史和"非民族化"。[①] 马克·布洛赫将他在战壕中传递消息的经历转化到对中世纪法、英国国王神迹能力（pouvoir thaumaturgique）之信仰的分析当中，而安托万·普罗斯特在其关于一战老兵的论文（1977）的开篇（前言中）也呼应说："尽管我的阿尔及利亚经历时间很短，也很有限，但这使我能够想象 1914 年战争的真实现实……阿尔及利亚同样使我意识到，战争的经历给那些亲历战争的人留下了多么深刻的印记。"正如我们所看到的，过去和现在的线索就这样以各种途径不断地相互交织，而这正是每个人的经验。

---

① P. Schöttler, "After the Deluge : The Impact of the Two World Wars on the Historical Work of Henri Pirenne and Marc Bloch", in S. Berger et Ch. Lorenz (dir.), *Nationalizing the Past*, Basingstoke, Palgrave Macmillan, 2010, pp. 404-425.

参考文献

研究工具、手册和概论

Amalvi Christian (dir.), *Dictionnaire des historiens français et francophones, de Grégoire de Tours à Georges Duby*, Paris, Boutique de l'Histoire, 2004.

— (dir.), *Les Lieux de l'histoire*, Paris, Armand Colin, 2005.

Berger Stefan, Feldner Heiko et Passmore Kevin (dir.), *Writing History. Theory and Practice*, Londres, Bloomsbury Academic, 2010 [2003].

Bloch Marc, *Apologie pour l'histoire ou Métier d'historien*, Paris, Armand Colin, 1997.

Boyd Kelly (dir.), *Encyclopedia of Historians and Historical Writing*, 2 vol., Londres, Routledge, 1999.

Delacroix Christian, Dosse François et Garcia Patrick, *Les Courants historiques en France, xixe-xxe siècle*, Paris, Gallimard, 2007 [1999].

Delacroix Christian, Dosse François, Garcia Patrick et Offenstadt Nicolas (dir.), *Historiographies. Concepts et débats*, 2 vol., Paris, Gallimard, 2010.

Goertz Hans-Jürgen (dir.), *Geschichte. Ein Grundkurs*, Hambourg, Rowohlt,

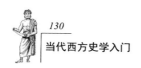

2007 [1998].

Iggers Georg G. et Wang Q. Edward, *A Global History of Modern Historiography*, Harlow, Pearson/Longman, 2008.

Jordan Stefan (dir.), *Lexikon Geschichtswissenschaft. Hundert Grundbegriffe*, Stuttgart, Reclam, 2002.

Kwaschik Anne et Wimmer Mario (dir.), *Von der Arbeit des Historikers. Ein Wörterbuch zu Theorie und Praxis der Geschichtswissenschaft*, Bielefeld, Transcript, 2010.

Lambert Peter et Schofield Phillipp (dir.), *Making history. An Introduction to the History and Practices of a Discipline*, Londres, Routledge, 2004.

Marrou Henri-Irénée, *De la connaissance historique*, Paris, Le Seuil, 1975 [1954].

Noiriel Gérard, *Sur la « crise » de l'histoire*, Paris, Gallimard, 2005 [1996].

Offenstadt Nicolas (dir.), *Les Mots de l'historien*, Toulouse, Presses universitaires du Mirail, 2004.

Poirrier Philippe, *Introduction à l'historiographie. Cours-Documents-Entraînement*, Paris, Belin, 2009.

Prost Antoine, *Douze leçons sur l'histoire* Paris, Le Seuil, 1996 ; nouvelle édition augmentée, 2010.

Raphael Lutz, *Geschichtswissenschaft im Zeitalter der Extreme. Theorien, Methoden, Tendenzen von 1900 bis zur Gegenwart*, Munich, Beck, 2003.

Sales Véronique (coord.), *Les Historiens*, Paris, Armand Colin, 2003.

Veyne Paul, *Comment on écrit l'histoire*, Paris, Le Seuil, 1979 [1971 et 1978].

Wilson Norman J., *History in Crisis ? Recent Directions in Historiography*, Upper Saddle River, Pearson Education, 2005, (2ᵉ éd.).

专论、深入研究

Awenengo Séverine, Barthélemy Pascale et Tshimanga Charles (dir.), *Écrire l'histoire de l'Afrique autrement ?*, Paris, L'Harmattan, 2004.

Boucheron Patrick, *Faire profession d'historien*, Paris, Publications de la Sorbonne, 2010.

Brilli Élisa, Dufal Blaise et Dittmar Pierre-Olivier (dir.), « Faire l'anthropologie historique du Moyen Âge », *L'Atelier du Centre de recherches historiques* juin 2010, en ligne.

Chartier Roger, *Au bord de la falaise. L'histoire entre certitudes et inquiétude*, Paris, Albin Michel, 1998.

Den Boer Pim, *History as Profession. The Study of History in France, 1818-1914*, Princeton, Princeton University Press, 1998.

Dosse François, *L'Histoire en miettes. Des Annales à la « nouvelle histoire »*, Paris, La Découverte Poche, 2010 [1987].

Dube Saurabh, *Postcolonial Passages. Contemporary History-Writing on India*, New Delhi, Oxford University Press, 2004.

Dumoulin Olivier, *Le Rôle social de l'historien. De la chaire au prétoire*, Paris, Albin Michel, 2003.

Farge Arlette, *Le Goût de l'archive*, Paris, Le Seuil, 1989.

Garcia Patrick et Leduc Jean, *L'Enseignement de l'histoire en France. De l'Ancien Régime à nos jours*, Paris, Armand Colin, 2003.

Guenée Bernard, *Histoire et culture historique dans l'Occident médiéval*, Paris, Aubier, 1980.

Hartog François, *Régimes d'historicité. Présentisme et expériences du temps*, Paris, Le Seuil, 2003.

Kühne Thomas et Ziemann Benjamin (dir.), *Was ist Militärgeschichte?*, Paderborn, Schöningh, 2000.

Leduc Jean, *Les Historiens et le temps. Conceptions, problématiques écritures*, Paris, Le Seuil, 1999.

Laurentin Emmanuel (dir.), *À quoi sert l'histoire aujourd'hui?*, Paris, Bayard, 2009.

Lemercier Claire et Zalc Claire, *Méthodes quantitatives pour l'historien*, Paris, La Découverte, 2008.

Lingelbach Gabriele, *Klio macht Karriere. Die Institutionalisierung der Geschichswissenschaft in Frankreich und den usa in der zweiten Hälfte des 19. Jahrhunderts*, Göttingen, Vandenhoeck und Ruprecht, 2003.

Mucchielli Laurent, *Mythes et histoire des sciences humaines*, Paris, La Découverte, 2004.

Müller Bertrand (dir.), *L'Histoire entre mémoire et épistémologie. Autour de Paul Ricœur*, Lausanne, Payot, 2005.

Noiriel Gérard, *État, nation et immigration*, Paris, Gallimard, 2005 [2001].

—, *Penser avec, penser contre. Itinéraire d'un historien*, Paris, Belin, 2003.

Novick Peter, *That Noble Dream. The « Objectivity Question » and the*

American Historical Profession, Cambridge, Cambridge University Press, 1988.

Prost Antoine, « Seignobos revisité », *Vingtième siècle. Revue d'histoire*, n° 43, juillet-septembre, 1994, p. 100-118.

Revel Jacques, « Histoire et sciences sociales : une confrontation instable », in Jean Boutier et Dominique Julia (dir.), *Passés recomposés*, Paris, Autrement, 1995, p. 69-81.

—(dir.), *Jeux d'échelles. La micro-analyse à l'expérience*, Paris, Gallimard Le Seuil, 1996.

Thébaud Françoise, *Écrire l'histoire des femmes et du genre*Lyon, ens Éditions, 2ᵉ édition, revue et augmentée, 2007.

大家可以在欧洲科学基金会（la Fondation européenne de la science）支持的项目——"过去的表述：欧洲的民族史书写"（*Representations of the Past: the Writing of National Histories in Europe*，http://www.uni-leipzig.de/zhsesf）的几本出版物里找到很多有用的文章。